Andre R. Zbiegniewski

Chance Vought F4U
Corsair
vol. II

DECALS

KAGERO

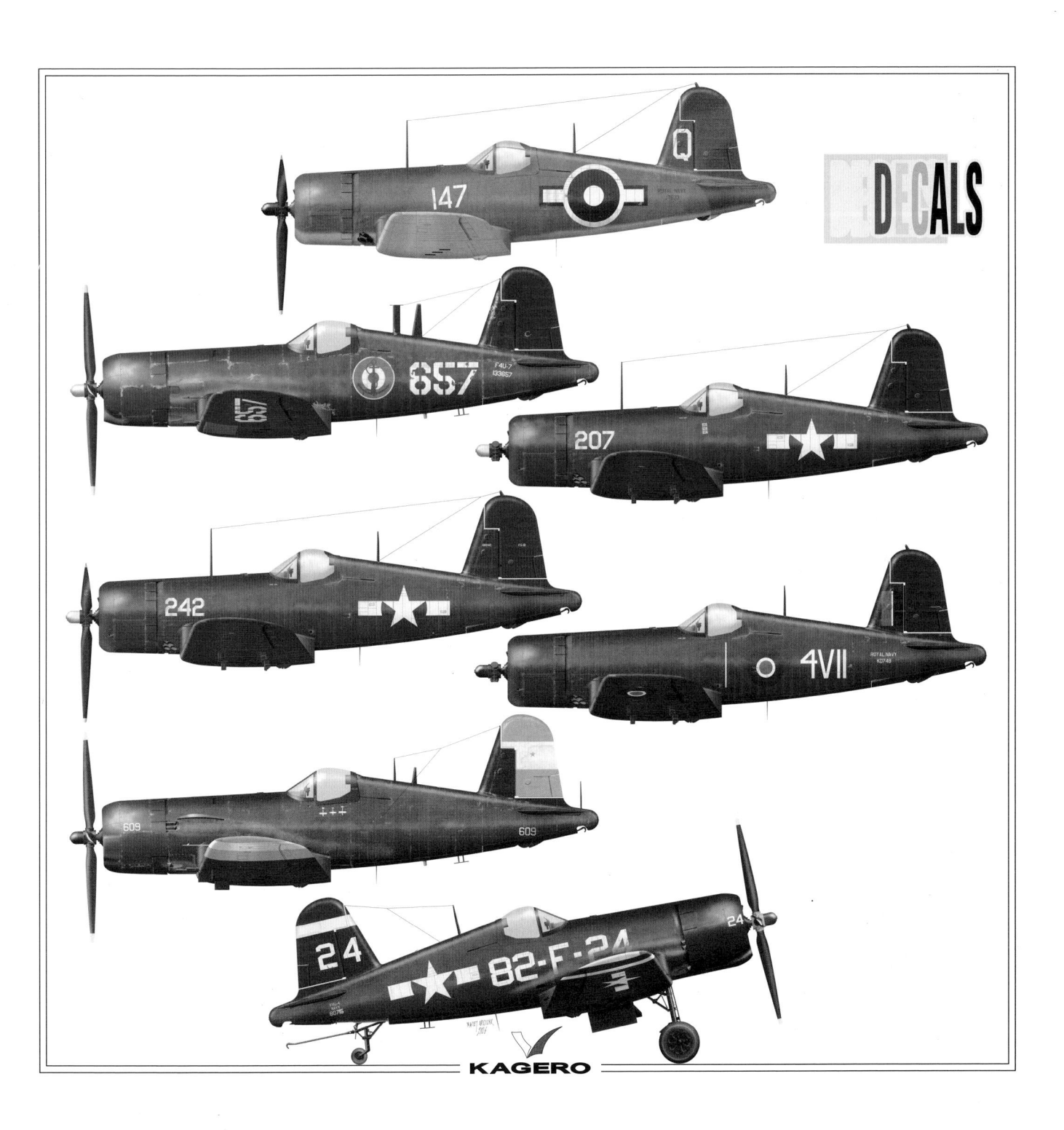

Od Wydawcy

Po długiej przerwie wracamy do historii F4U Corsair. Zgodnie z sugestiami Czytelników w tomie II zamieszczamy dużą ilość planów modelarskich Macieja Noszczaka prezentujących pozostałe wersje samolotu.

Gorąco dziękuję Tomaszowi Szlagorowi za ogromną pomoc w zdobyciu interesujących zdjęć oraz Leszkowi A. Wieliczko za merytoryczny nadzór nad całością publikacji.

Oba tomy monografii uzupełnimy książką z serii TOPSHOTS, w której zamieścimy dużą liczbę znakomitych zdjęć wykonanych przez Toma Żmudę.

Przed nami kolejne publikacje kończące rozpoczęte tematy – Bf 109 G/K, Ju 87 i P-47, które ukażą się w najbliższych miesiącach.

Miłośnikom monografii gorąco polecam naszą nową i nowatorską serię MONOGRAFIE MULTIMEDIALNE – pierwsza poświęcona F-16 stała się prawdziwym bestsellerem.

Damian Majsak

A Note From the Publisher

After a long break, we are returning to complete the history of the F4U Corsair which we have initiated with vol. I of this monograph. In response to our readers' suggestions, the vol. II will include a remarkable number of technical drawings (by Maciej Noszczak), which will present in detail all the variants of Corsair not covered in the previous volume.

I wish to express my heartfelt thanks to Tomasz Szlagor for his help in obtaining a superb collection of photographs for the benefit of this volume, as well as to Leszek A. Wieliczko who helped ensure that the content included in this volume was of the highest quality. We are also preparing, as a supplement of these two volumes, a mini-photo album to be published in the TOPSHOTS series, which will feature a collection of excellent photographs by Tom Żmuda.

The subjects we are going to focus on in the nearest future will include final volumes of several our titles: Bf 109G/K, Ju 87 and P-47.

To the enthusiasts of publications dedicated to specific types of armament I wish to recommend our latest creation – the best-selling F-16 monograph from our MULTIMEDIA MONOGRAPHS series.

Damian Majsak

POLECAMY • WE RECOMMEND

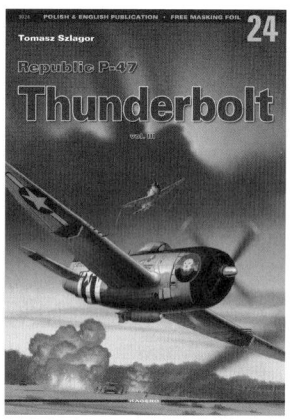

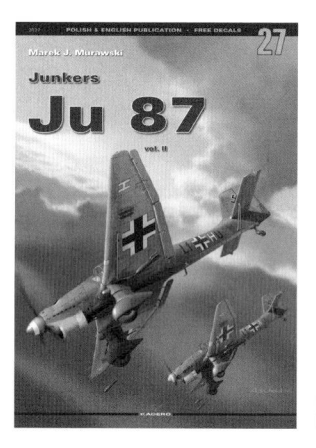

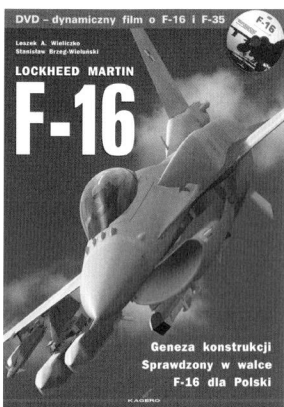

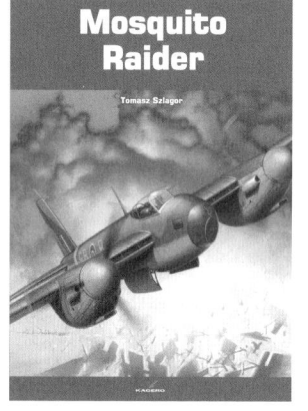

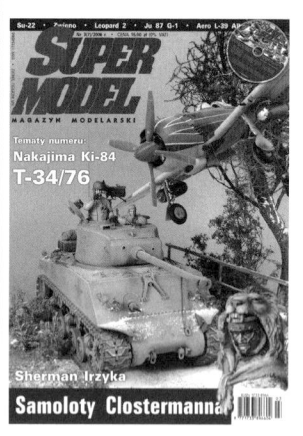

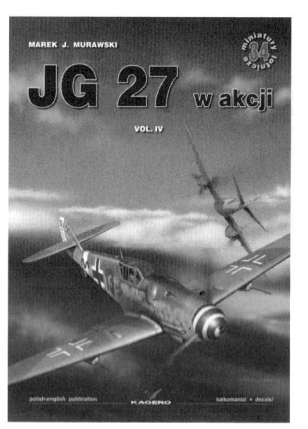

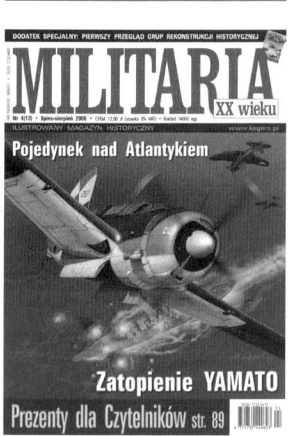

www.kagero.pl

Wszystkie fotografie w tym tomie pochodzą z kolekcji San Diego Aerospace Museum
All photographs are courtesy of the San Diego Aerospace Museum

Chance Vought F4U Corsair vol. II • Andre R. Zbiegniewski
Wydanie pierwsze/First edition • LUBLIN 2006
© Wszystkie prawa zastrzeżone. Wykorzystywanie fragmentów tej książki do przedruków w gazetach i czasopismach, w audycjach radiowych i programach telewizyjnych bez pisemnej zgody Wydawcy jest zabronione. Nazwa serii zastrzeżona w UP RP • ISBN 83-60445-10-9

Redakcja/Editing: **Leszek A. Wieliczko, Tomasz Szlagor** • Tłumaczenie/translation: **Peter Argyropoulos** • Korekta/Proof-reading: **Neil Page, Karolina Żukowska** • Ilustracja na okł.: **Arkadiusz Wróbel**, plansze barwne: **Maciej Noszczak** • Plany modelarskie: **Maciej Noszczak** • Design: **Tomasz Gąska**
Kalkomania: **Kazimierz Łata** TECHMOD

Oficyna Wydawnicza KAGERO
www.kagero.pl • e-mail: kagero@kagero.pl, marketing@kagero.pl
Redakcja, Marketing, Dystrybucja: OW KAGERO, ul. Mełgiewska 7-9, 20-952 Lublin
tel.: (+48) 081 749 20 20, tel./fax (+48) 081 749 11 81, 0609 543 927, 0601 401 157, www.kagero.pl

Kalkomania dołączona do niniejszej publikacji stanowi integralną część książki i nie może być sprzedawana oddzielnie

Introduction

Dwudziestoletni Joe Lynch rozpoczął szkolenie lotnicze parę miesięcy przed przystąpieniem USA do wojny. Akademię lotniczą USMC ukończył na początku maja 1942 roku w stopniu podporucznika, a pierwszą turę bojową odbył między listopadem i sierpniem 1943 roku w obronie Guadalcanal. Wkrótce potem jego macierzysty dywizjon, dowodzony przez majora Boyingtona VMF-112 „Wolfpack", poddany został przezbrojeniu w Corsairy. Porucznik Lynch powrócił do USA, mając w dorobku cztery zwycięstwa odniesione w styczniu 1943 roku nad Guadalcanal, Savo i Vella.

Po kilkunastomiesięcznej służbie w mało satysfakcjonującej roli instruktora wyższego pilotażu kandydat na asa dopiął wreszcie swego. Pod koniec 1944 roku, już jako kapitan, wrócił do służby liniowej na ukochanych Corsairach w składzie dywizjonu rozpoznawczego VMO-155. Jednostka, stacjonująca na wyspie Roi w archipelagu Marianów, została w styczniu 1945 roku przemianowana na VMF-155. Będąc odtąd normalnym dywizjonem myśliwskim USMC, obarczana była głównie zadaniami myśliwsko-bombowymi wymierzonymi przeciw pobliskim japońskim garnizonom. Po zorientowaniu się, iż do końca wojny czeka go atakowanie enigmatycznych celów na porośniętych dżunglą wysepkach, Lynch uruchomił wszystkie prywatne kontakty w celu uzyskania zmiany przydziału. Udało mu się to w pierwszych dniach lutego wraz z przeniesieniem do szeregów dywizjonu VMF-224 „Fighting Wildcats", z którym miał od początku do końca uczestniczyć w zmaganiach nad Okinawą – ostatniej dużej kampanii wojny na Pacyfiku.

Na zestrzelenia wieńczące wojenny dorobek, a jednocześnie desygnujące go do grona

Twenty-year-old Joe Lynch began flight instruction several months before the United States of America went to war. He finished the USMC air academy as a Second Lieutenant at the beginning of May, 1942. He flew his first combat tour between November, 1942 and August, 1943, protecting Guadalcanal. A short time later his mother unit VMF-112 "Wolfpack", commanded by Major Boyington, was rearmed with Corsairs. Lieutenant Lynch returned to the U.S. with four victories won in January, 1943 over Guadalcanal, Savo and Vella.

After more than a year of serving in the unsatisfying role of advanced flight instructor, the ace candidate finally got his heart's desire. In the latter part of 1944, already as a captain, he returned to front line service in his beloved Corsairs as part of a reconnaissance squadron, VMO-155. His squadron, stationed on the Roi Islands in the Marianas was renamed VMF-155 in January, 1945. Now a regular USMC fighter squadron it was assigned to mostly fighter-bomber missions against nearby Japanese garrisons.

When he realized that he would be stuck attacking enigmatic targets on jungle-covered islands till the end of the war, Lynch started pulling strings through his personal contacts to get reassigned somewhere else. He succeeded at the beginning of February, when he was transferred to VMF-224 – the "Fighting Wildcats." Throughout his assignment to VMF-224 he would take part in the fighting over Okinawa where the last great Pacific campaign was fought.

Fate made Lynch wait long enough before it gave him his final wartime victory, which at the same time brought him ace status. It came one

Corsair F4U-1D (BuNo 82326) przed dostarczeniem do jednostki. Samolot jest oznaczony tymczasowym numerem 326, będącym końcówką numeru seryjnego. Doskonale widać matowy panel przeciwodblaskowy na górnej części przodu kadłuba oraz nowy typ osłony kabiny bez ram usztywniających. Taka osłona jest uznawana za cechę wyróżniającą wersji F4U-1D, ale w rzeczywistości zastosowano ją dopiero od egzemplarza BuNo 57583.

Corsair F4U-1D (BuNo 82326) awaiting assignment to a frontline unit. The aircraft carries a temporary code 326 on the cowling, which is the last three digits of its serial number. Note the anti-glare strip ahead of the cockpit and the new type of unframed canopy. Although such canopy is considered a distinctive feature of F4U-1D sub-variant, in fact it wasn't used until BuNo 57583.

Wstęp

asów, los kazał czekać Lynchowi dość długo, aż do przedostatniego wojennego miesiąca. VMF-224 stacjonował wówczas na pasie Chimu – jednym z trzech głównych lotnisk opanowanej ostatecznie Okinawy. Z początkiem lipca 1945 roku jednostce wyznaczono zadania defensywne, o czym przesądziło położenie Chimu, które było najbardziej wysunięte na zachód wśród okinawskich lotnisk. Największe szanse przechwycenia atakujących kamikaze nie równały się niestety licznym okazjom do odnoszenia zwycięstw. Jedyną w tej mierze nadzieją Lyncha i jego towarzyszy była obietnica dowództwa – okazjonalnego włączania VMF-224 do wymiatań nad Japonią. Pierwsza operacja tego rodzaju nastąpiła 2 lipca. Przy doskonałej pogodzie wyprawiono nad Kiusiu dwadzieścia osiem F4U-1D i F4U-1C z dywizjonów VMF-224 i VMF-311 „Hells Bells". Ich podstawowym zadaniem było sprowokowanie japońskich myśliwców do podjęcia walki. W skład klucza dowodzonego przez Joe Lyncha wchodzili podporucznicy: Schleicher, Truex i Smiddy.

Dolot do japońskiego brzegu minął Amerykanom jak na wycieczce. Niczym nie zakłócona toń morza przemykała 7000 metrów pod nimi, by po dwóch godzinach ustąpić miejsca pokrytym grubą warstwą chmur skalistym zarysom wrogiego brzegu. To właśnie nad nim, po osi północ-południe, Corsairy prowadzić miały swój 150-kilometrowy patrol. Jego punkty zwrotne wyznaczał przylądek Kaimon oraz lotnisko Ronchi. Przy trzecim z kolei obraniu kursu południowego tor lotu dwóch dywizjonów USMC skrzyżował się z nadciągającą kontrkursem o tysiąc metrów niżej grupą Japończyków. Jednosilnikowe myśliwce o ciemnozielonym niemal czarnym kamuflażu Lynch zidentyfikował jako „Zero". W rzeczywistości Corsairy miały do czy-

month before the end of the war. VMF-224 was stationed at Chimu – one of the three main airfields of long fought for Okinawa. At the beginning of July, 1945 the squadron was assigned a defensive role, which it could perform best from Chimu, the westernmost airfield on Okinawa. Unfortunately, the many chances to intercept an attacking Kamikaze did not mean that there were a lot of opportunities for getting victories. The only hope Lynch and his comrades had was the promise of their commanding officer – that he would periodically include VMF-224 in missions over Japan. The first such operation took place on July 2. Twenty-eight F4U-1Ds and F4U-1Cs from VMF-224 and VMF-311 "Hells Bells" flew a mission over Kyushu in perfect weather. Their basic assignment was to challenge Japanese fighters. Joe Lynch's division included 2nd Lieutenants: Schleicher, Truex and Smiddy.

The flight to the Japanese coast was like a Sunday drive for the Americans. A completely calm, deep sea flitted by 7,000 meters below them, two hours later to give way to the rocky outlines of an enemy coast covered with a thick layer of clouds. It was over this coast, on a north/south axis, that the Corsairs were to conduct their 150 km patrol. The patrol's extents were marked by Cape Kaimon and Ronchi airfield. During the third southern leg, the flight path of the two USMC squadrons intersected that of a group of Japanese about one thousand meters below. Lynch identified the dark green and black camouflaged single-engine fighters as Zeros. In reality the Corsairs were dealing with twenty-four N1K2-J "George." Returning from a mission over south Kyushu, 343 Kokutai consisted of representatives of the unit's all three

Corsair FG-1D nr G3 (BuNo 92041) z jednostki szkolnej z NAS Livermore w Kalifornii. FG-1D był odpowiednikiem F4U-1D produkowanym w firmie Goodyear.

Corsair FG-1D coded G3 (BuNo 92041) of a training unit, NAS Livermore, California. FG-1D was equivalent to F4U-1D manufactured by Goodyear.

nienia z dwudziestoma czterema maszynami typu N1K2-J George. Wracająca z wypadu nad południowe Kiusiu formacja 343. Kokutai składała się z przedstawicieli wszystkich trzech dywizjonów japońskiej grupy. Na dwa z nich spadły z przewagi wysokości maszyny VMF-224. Reszta Japończyków rozpierzchła się po niebie ścigana przez Corsairy „Hells Bells".

Corsairy wykonały kolejno przewrót przez skrzydło, by po krótkim nurkowaniu znaleźć się na karkach wrogów. Jedna z początkowych serii uszkodziła kadłub i kabinę pierwszego George'a. Pomimo niezłego opancerzenia jego zbiornik paliwa buchnął płomieniem. Dalsza koncentracja ognia spowodowała eksplozję samolotu. Japoński pilot por. Sugitaki zmuszony był do skoku ze spadochronem. Atakowanemu w następnej kolejności George'owi kapitana Yamady udało się umknąć spod ognia Marines. Aż dziw, że przestrzelone w pięćdziesięciu miejscach skrzydła jego N1K2 wytrzymały przeciążenie szaleńczego nurkowania. Reszta pilotów przedniej straży 343. Kokutai także musiała wracać do domu, klucząc nisko pośród górzystych obszarów południowego Kiusiu.

Cztery Corsairy klucza kpt. Lyncha dopadły przeciwników nadal podążających w upatrzonym kierunku. Dowódca trafił pierwszego Japończyka, wychodząc z nurkowania. Spod przeciętej serią osłony silnika Shiden-Kai gwałtownie buchnął płomień, a zaraz potem czarny dym. Wrogi szyk załamał się momentalnie. Kilkanaście George'ów rozpierzchło się czym prędzej we wszystkich kierunkach, niejednokrotnie wymijając się o metry z przelatującymi między nimi F4U. Rozgardiasz dał Lynchowi okazję do przeciągnięcia ogniem sześciu Browningów po całej długości skrzydła jednego z przeciwników. Błyski detonujących na nim pocisków przeciwpancernych

squadrons. The planes of VMF-224 came down on two of them from above. The rest of the Japanese scampered away, pursued by the Hells Bells' Corsair.

The Corsairs made a stall turn and after short dive were back on top of their enemies. One of the initial salvos pierced the fuselage and cockpit of the first George. In spite of good armor its fuel tank began to burn and further hits caused the plane to explode. The Japanese pilot, Lieutenant Sugitaki was forced to bailout. The next George to be attacked, flown by Lieutenant Yamada, succeeded in escaping the Marines' fire. It's a wonder that the wings of his N1K2, shot through in 50 places, survived the stress of that crazy dive. The rest of the pilots from 343 Kokutai's forward guard had to return home, dodging low among the mountainous areas of the southern Kyushu.

The four Corsairs of Capt. Lynch's division chased down the enemy planes which were trying to escape. The leader hit his first Japanese as he was coming out of a dive. The Shiden-Kai violently burst into flame from under its cowl, which had taken a number of rounds, and black smoke started pouring out. The enemy formation fell apart instantly. A dozen or so Georges scattered every which way, more than once coming within meters of hitting an F4U. In the bustle Lynch had the opportunity to fire from all six Brownings along the whole wing of one of his enemies. The flashes of armor-piercing shells detonating lit the plane up from wingtip to wingtip and pieces of skinning separated from the frame.

In an attempt to use the remaining energy from his dive the American pulled back on the stick. Heading upwards, the FG-1D number 242 (BuNo88242) overtook a second, already smok-

Corsair F4U-1D nr EE53 (BuNo?) z dywizjonu VMF-512 lotnictwa US Marine Corps (USMC) startuje z pokładu lotniskowca USS „Gilbert Islands" (CVE-107), wiosna 1945 roku. Widać nowy typ odsuwanej części osłony kabiny – bez ram usztywniających.

Corsair F4U-1D coded EE53 (BuNo?), assigned to VMF-512, US Marine Corps (USMC), scrambling off the deck of USS GILBERT ISLANDS (CVE-107), spring 1945. Note the new type of the rearward-sliding unframed hood.

Wstęp

rozjarzyły cały płat od końcówki aż po nasadę. Stamtąd też oderwały się kawałki poszycia.

Pragnąc wykorzystać sporą jeszcze energię pozostałą z nurkowania, Amerykanin ściągnął wolant na siebie. Skierowany w górę FG-1D numer 242 (BuNo. 88242) wyminął drugą już dymiącą ofiarę. Za moment ogniem z podbrzusza zajęła się trzecia. Ten N1K2 pochłonął do wnętrza chyba połowę pocisków dwusekundowej serii. Po błyskawicznym zainkasowaniu około setki trafień, dla japońskiego pilota stało się jasne, że jego maszyna skazana jest na zagładę. Najlepszym na to dowodem był dla Lyncha widok rozwijającego się spadochronu. Wydawało się, iż na tym zakończy się trwająca już kwadrans walka. Jednak jej ostatnim aktem całkiem niespodziewanie okazał się los samego Lyncha. Przepatrujący niebo w poszukiwaniu własnych skrzydłowych, niedawny potrójny zwycięzca padł ofiarą nieuwagi. Zapomnienie kontrolowania tylnej półsfery zemściło się zaskakującym atakiem George'a. By ciężko uszkodzić „biały 242" wystarczyło pięć trafień 20-milimetrowych pocisków. Jeden z nich zdetonował zawartość prawego zasobnika amunicyjnego, drugi omal nie przebił płyty pancernej za fotelem pilota. Inne poszarpały tylną część kadłuba. Pożar ogarniający wnętrze prawego skrzydła niepostrzeżenie pochłonął lotkę i rozprzestrzeniał się dalej w kierunku krawędzi spływu. Utrata poziomej sterowności wciągnęła Corsaira w zwitkę korkociągu mierzącego ostro ku dołowi. Nadludzkim

ing victim. A moment later, fire from the underbelly consumed a third. This N1K2 must have absorbed half of the rounds from a two-second long salvo. After rapidly taking about a hundred hits, it was clear to the Japanese pilot that his plane was doomed. For Lynch the best evidence was when he saw the parachute. It seemed that this fifteen minute fight would end. The last act, however, quite unexpectedly proved fateful for Lynch. Looking up at the sky in search of his own fighters, the recent three-time victor fell victim to his own inattention. Oblivious of what was going on behind him, he was surprise attacked by a George. To heavily damage "White 242" only took five hits from a 20 mm cannon. One of them detonated the contents of the starboard magazine. Another almost pierced the armor plate behind the pilot's seat. The rest mangled the rear fuselage. The fire, which covered the right wing, consumed the flap and spread farther toward the trailing edge. The loss of longitudal stability pulled the Corsair into a tight, downward cork-screw. With superhuman effort Lynch managed to stabilize the fall. Soon he happily noticed that his diving velocity had practically put out the flames and they finally went out. Fortunately, his engine was working smoothly. Now he checked distrustfully behind him until he was convinced that the enemy was going to leave him alone.

The Japanese formation disappeared west against a heavy black storm front. Now the

Ciasno zaparkowane Corsairy F4U-1D lub FG-1D z dywizjonów VF-84, VMF-221 i VMF-451 na pokładzie lotniskowca USS „Bunker Hill" (CV-17) w kwietniu 1945 roku. Na zaczepach na dolnych powierzchniach składanych części skrzydeł dwóch sąsiednich Corsairów doskonale widać pociski rakietowe HVAR kal. 127 mm.

The deck of USS "Bunker Hill" (CV-17) cramped with Corsairs F4U-1Ds (or FG-1Ds) of VF-84, VMF-221 and VMF-451 squadrons, April 1945. HVAR rocket missiles (127 mm) mounted to the undersides of the wings' outboard foldable parts are clearly visible.

wysiłkiem Lynch zdołał ustabilizować opadanie. Mógł teraz z radością stwierdzić, że pęd nurkowania prawie ugasił płomienie. Tak się też stało. Silnik na szczęście pracował bez zarzutu. Nieufne oglądanie się za siebie utwierdziło Amerykanina w przekonaniu, że wróg dał mu spokój.

Na przekreślonym czarnym froncie burzowym nieboskłonie znikały ku zachodowi czarne kropki japońskiej formacji. Teraz pilotowi pozostało „tylko" doprowadzić postrzelanego Corsaira do domu. Liczne uszkodzenia wykluczały konwencjonalne lądowanie. Inne opcje związane z pozostaniem w kabinie także zagrażały śmiertelnym wypadkiem. Po dociągnięciu nad macierzystą bazę, Lynch postanowił skakać. Stracił ulubiony samolot, sam był cały poobijany, a rana nogi zmusiła go do pobytu w szpitalu... Ale żył i zawdzięczał to masywnej budowie Corsaira. Zaliczone ostatecznie w wyniku tej misji podwojone zwycięstwo zapewniło Josephowi Lynchowi upragnione wejście do grona asów. Ponadto, po jednym zestrzeleniu nad Kiusiu przyznano podporucznikom Truexowi i Smiddy'emu. Te cztery zwycięstwa dodane do 106 dotychczasowych sukcesów VMF-224 zamknęły ostatecznie ich wojenną listę. Taki sam wynik (cztery zestrzelenia) tej samej wyprawy powiększył 2 lipca dorobek VMF-311 do siedemdziesięciu jeden zwycięstw.

Faktycznie, w nieustępliwej walce z pilotami USMC dwa dywizjony 343. Kokutai straciły w sumie cztery George i trzech pilotów. Dużo to czy mało? Odpowiedź na to pytanie nie miała teraz większego znaczenia. Na sześć tygodni przed zakończeniem wojny pod niebem Nipponu panowało niepodzielnie lotnictwo US Navy – Corsairy i Hellcaty, które owej dominacji nie dadzą już sobie wydrzeć.

"only" thing the pilot had to do was to get his bullet-ridden Corsair home. All of the damage made a conventional landing impossible. Any other options connected with staying in the cockpit also threatened a fatal accident. After reaching base with great effort, Lynch decided to bail out. He had lost his favorite plane and was himself badly battered. His wounded leg forced him to stay in the hospital... But he lived, thanks to the rugged construction of his Corsair. Credited at last as a result of this mission with a double victory, Joseph Lynch was assured his longed-for entry to the circle of aces. Second Lieutenants Truex and Smiddy were each credited with one victory over Kyushu. These four victories added to the 106 pre-existing ones of the VMF-224, closed their war total. Four more victories during the same July 2nd mission, credited to VMF-311, brought their total to 71.

In fact, in an uncompromising fight against USMC pilots, two squadrons of the 343 Kokutai lost a total of four Georges and three pilots. Was that a lot or a little? The answer to that question was no longer of any consequence. Six weeks before the end of the war, the Nippon's skies were dominated by the US Navy planes. Corsairs and Hellcats which would not give up their aerial superiority.

On His Majesty's Carrier Service

The beginning of 1945 promised to be a time when Corsairs would dominate. It was only during the last year of the war that the full value of this plane would be realized and introduced to service not only on American, but also

Corsair F4U-1D (BuNo ?) w widoku z przodu. Pod skrzydłami osiem pocisków rakietowych HVAR kal. 127 mm (5 cali) na tzw. zero-length rocket launchers. Zaczepy na pociski rakietowe zaczęto montować seryjnie począwszy od egzemplarza BuNo 82253.

Corsair F4U-1D (BuNo ?) viewed from the front. Visible under wings are eight 5-in. (127 mm) HVAR rockets mounted on zero-length launch stubs. These stub rocket launchers were fitted as factory modification starting from BuNo 82253.

Odpalanie pocisków rakietowych HVAR kal. 127 mm z F4U-1D. Możliwość przenoszenia bomb i rakiet uczyniła z F4U-1D doskonałe maszyny szturmowe.

A F4U-1D firing 127 mm HVAR missiles. The provision for carrying bombs and rockets turned the F4U-1D into a formidable assault aircraft.

W pokładowej służbie Jego Królewskiej Mości

Rozpoczynający się rok 1945 zapowiadał się jako czas dominacji Corsaira. Dopiero w ostatnim roku działań wojennych samolot ten miał zostać w pełni doceniony i wprowadzony do służby nie tylko na amerykańskich, lecz także (na większą skalę) na sojuszniczych lotniskowcach. A jeśli już o nich mowa – choćby dla przybliżonego scharakteryzowania alianckiej służby F4U, należy się nieco cofnąć w czasie.

Początek drugiej wojny światowej zastał brytyjskie lotnictwo morskie (Fleet Air Arm – FAA) bez nowoczesnego myśliwca pokładowego. Na ratunek zagrożonemu imperium pospieszyli nie uczestniczący jeszcze w wojnie Amerykanie. Zaczęło się od dostarczenia Royal Navy w ramach programu Lend-Lease dużej ilości myśliwców typu F4F Wildcat (do marca 1944 roku w FAA występował on pod brytyjską nazwą Martlet).

Ten masywny, lecz nieco powolny samolot poratował co prawda Brytyjczyków, ale nadal nie spełniał wymogów nowoczesnego pola walki. Sprostać im potrafił dopiero F4U. Maszyna, na którą brytyjska komisja zakupów dosłownie „się rzuciła". Zamorscy kontrahenci nie zawiedli się na produkcie Voughta, który w ilości 2012 egzemplarzy (F4U, F3A i FG) miał się stać naj- (on a larger scale) on allied aircraft carriers. Speaking of them – for an approximate characterization of the F4U in allied– service, one needs to back up in time.

At the beginning of World War II the British Fleet Air Arm, the FAA, was left without a modern carrier-borne fighter. The Americans, not yet involved in the war, hastened to help. It started with deliveries to the Royal Navy within the framework of the Lend-Lease program of large numbers of F4F Wildcat fighters (till March, 1944 the FAA referred to them by their British name – Martlet).

This massive but somewhat slow plane helped the British immensely, but did not meet the requirements of the modern battlefield. Only the F4U, a machine which the British Purchasing Commission literally "flung itself" on, could do that. These overseas buyers were not let down by the Vought product, which in quantities of 2,012 (F4U, F3A and FG) would become the most numerous of American fighters in the FAA. Over half of Brewster's licensed production – 430 F3A-1Ds – under the export designation F4U-1B (Corsair Mk.III) was sent to Britain. Another 977 FG-1Ds produced by Goodyear became the FAA Corsair Mk.IV.

Royal Navy Acceptance & Modification Centers began operations during late spring, 1943.

liczniej reprezentowanym amerykańskim myśliwcem w FAA. Trafić tam miała ponad połowa całej licencyjnej produkcji wytwórni Brewstera w liczbie 430 F3A-1D pod eksportowym oznaczeniem F4U-1B (Corsair Mk III), zaś 977 produkowanych przez Goodyeara FG-1D w FAA stało się Corsairami Mk IV.

Późnowiosenne miesiące 1943 roku stanowiły początek działalności Centrów Odbiorczo-Modyfikacyjnych Royal Navy w USA. Bazy, rozlokowane na dwóch lotniskach w stanach Nowy Jork i Maine, zajmowały się prawie wyłącznie przystosowywaniem lend-leaseowych Corsairów do wymagań FAA. Spośród dziewięćdziesięciu pięciu przejętych w ten sposób F4U-1/Corsair Mk I (F4U-1A/Corsair Mk II) większość trafiła do ośrodków treningowych. Jednak trzydzieści cztery znalazły się w formowanych latem 1943 roku dwóch jednostkach bojowych. Dywizjony o numerach 1830 i 1833 poddano intensywnemu szkoleniu, w którym brano pod uwagę wszystkie dotychczasowe doświadczenia USN i USMC.

Bez względu na wersję, F4U spotykał się z entuzjastycznym przyjęciem brytyjskich pilotów. Ku satysfakcji producentów nowi użytkownicy nie skarżyli się na „narowistą naturę" myśliwca. Czysto praktyczne wymogi dyktowały

These bases, assigned to two airfields in New York State and Maine, were concerned almost exclusively with adapting the lend-lease Corsairs to the requirements of the FAA. Out of ninety-five F4U-1/Corsair Mk.Is (F4U-1A/Corsair Mk.II), most went to training centers. Thirty-four were sent in the summer of 1943 to two fighting units. 1830 and 1833 Squadrons were given intensive training, which included the experiences gained by the USN and USMC.

Regardless of the version, F4Us were enthusiastically accepted by British pilots. To the satisfaction of the builders, the new users did not complain about the "temperamental nature" of the fighter. Purely practical requirements dictated the necessity of shortening the wings by 20 cm so that the folded wings would fit in the somewhat low-ceiling hangars of British aircraft carriers. The reduced wingspan brought an unexpected improvement in handling at low altitudes and during landings.

FAA Sqn. Nos. 1830 and 1833, as part of 15 Naval Fighter Wing (in short – 15 NFW), were directed together with their aircraft carrier HMS "Illustrious" to service in the Indian Ocean.

The next two Corsair Mk.II units created were Nos. 1834 and 1836. They began service

Corsair FG-1D nr 40 (BuNo ?) z dywizjonu VMF-323 „Death Rattlers" lotnictwa USMC odpala salwę pocisków rakietowych HVAR kal. 127 mm podczas walk na Okinawie.

Corsair FG-1D side number 40 (BuNo ?) of VMF-323 'Death Rattlers' (USMC) lets loose a salvo of HVAR rockets during the battle for Okinawa.

W pokładowej służbie Jego Królewskiej Mości

odbiorcom konieczność skrócenia o dwadzieścia centymetrów końcówek każdego ze skrzydeł, by po złożeniu w górę mieściły się w nieco niższych hangarach brytyjskich lotniskowców. Zmniejszenie rozpiętości przyniosło z sobą nieoczekiwaną poprawę osiągów na małych wysokościach i przy lądowaniach.

1830. i 1833. Sqn FAA pod wspólnym oznaczeniem 15. Skrzydła Myśliwskiego Lotnictwa Morskiego (15. Naval Fighter Wing – 15. NFW), skierowano wraz z lotniskowcem HMS „Illustrious" do służby na Oceanie Indyjskim.

Dwoma jednostkami Corsairów Mk II powołanymi do życia w następnej kolejności były dywizjony o numerach 1834 i 1836. Z początkiem 1944 roku jako 47. NFW weszły na uzbrojenie HMS „Victorious". Wraz z nim, na osiem miesięcy przed pokładowym użyciem przez USN, wzięły udział w trzech operacjach wymierzonych przeciw bazującemu w Norwegii pancernikowi „Tirpitz". Poza „Victoriousem" i jego Corsairami, w atakach tych brało udział sześć innych lotniskowców Home Fleet. Inauguracja nastąpiła 3 kwietnia 1944 roku. Dywizjony 1834. i 1836. pełniły w niej rolę górnej osłony formacji liczącej 121 maszyn. Wbrew oczekiwaniom nie doszło do żadnej konfrontacji z myśliwcami obrony. Takie same misje oznaczone kryptonimami: „Tungsten", „Mascot" i „Godwood", powtarzano do sierpnia trzykrotnie – bez kontaktów Corsairów z Luftwaffe. Poniesione w atakach na „Tirpitza" straty pokładowego lotnictwa Home Fleet zamknęły się liczbą dziewięciu maszyn zestrzelonych przez opl. Znalazł się wśród nich tylko jeden Corsair Mk II. Podobnie „ulgowo" zapoczątkowana została kariera Corsairów 15. NFW. Jego dowódca, komandor Dick

at the beginning of 1944 year as 47 NFW aboard HMS "Victorious." It was here, eight months before innitiating the USN carrier service, that they were a party to three operations against the german battleship "Tirpitz" while she was anchored in Norway. Besides "Victorious" and her Corsairs, six other Home Fleet aircraft carriers took part in the attacks. Their inauguration was then followed-up on April 3, 1944. Sqn. Nos. 1834 and 1836 gave top cover in a formation of 121 planes. Contrary to expectations, they met no resistance from enemy fighters. The missions were given code names like: "Tungsten", "Mascot" and "Godwood", and repeated three times by August – with no contact between the Corsairs and the Luftwaffe. Home Fleet lost nine planes during the attacks against the "Tirpitz." Among them just one Corsair Mk.II. The Corsairs of 15 NFW began their career with similar "luck." Commander Dick Cork decided to turn both squadrons into his own elite formations. He achieved this goal, but it cost him his life.[1]

The first exercises for HMS "Illustrious" together with the American aircraft carrier USS "Saratoga" were patrols in the central part of the western zone of the Indian Ocean. Their task was fighting enemy raiders and submarines.

In the words of one pilot from Sqn. No. 1830: "With the long and monotonous training finally behind us, we were like dogs off the leash. We sought trouble in vain, though. The vast turquoise waters from Trincomalee to the

---

[1] An ace with 13 victories and a veteran of the Battle of Britain, he died in an accident while landing on the deck of HMS "Illustrious" on April 14, 1944.

F4U-1D (BuNo 57569) podczas prób uzbrojenia w Naval Air Test Center (NATC) w Patuxent River w stanie Maryland (stąd numer samolotu – AT-12, gdzie AT oznaczało Armament Test). Na zaczepach pod centropłatem samolot ma podwieszone dwa pociski rakietowe kal. 300 mm (11,75 cala), zwane popularnie „Tiny Tim", a pod zewnętrznymi częściami skrzydeł pociski HVAR.

F4U-1D (BuNo 57569) on weapon system tests at the Naval Air Test Center (NATC), Patuxent River, Maryland (hence the aircraft's code AT-12, the two letters standing for 'Armament Test'). Shackled up on the wingroot pylons are two 11.75-in. (300mm) rocket missiles commonly known as 'Tiny Tim', while HVAR rockets are mounted under wings.

Cork, postanowił uczynić z obu dywizjonów swej jednostki formacje elitarne i za cenę własnej śmierci dopiął tego celu[1].

Pierwszymi zadaniami HMS „Illustrious" i współpracującego z nim amerykańskiego lotniskowca USS „Saratoga" były patrole w środkowo-zachodniej strefie Oceanu Indyjskiego. Ich cel stanowiło zwalczanie wrogich rajderów i okrętów podwodnych.

Ujmując rzecz słowami pilota 1830 Sqn: „Mając wreszcie za sobą długi i monotonny trening, w pierwszym rejsie bojowym byliśmy niczym psy spuszczone z łańcucha. Na darmo jednak szukaliśmy guza. Bezmiar turkusowych wód od Trincomalee aż po Andamany okazał się całkiem pusty. Ani jednego wroga w powietrzu. Ani jednego celu nawodnego. Wyglądało na to, że do walki przyjdzie nam wyciągać Japończyków za uszy...".

Do spotkań z potencjalnym wrogiem rzeczywiście nie doszło, ale odbyty przy tym trening operacyjny miał realną, szybko sprawdzalną wartość. Umożliwił zgranie pilotów. W warunkach bojowych przećwiczono niezliczone starty, lądowania, loty w formacjach, odpieranie pozorowanych ataków nieprzyjaciela na własne okręty.

Poczynania Corsairów 15. NFW zyskają na intensywności wraz z lipcowym przybyciem na Cejlon lotniskowca HMS „Victorious". Jednoczesne przebazowanie 1837. Sqn FAA na „Illustriousa" zwiększy ilość Corsairów na każdym z dwóch okrętów do czterdziestu dwóch (Mk II).

Relacjonowanie szlaku bojowego Corsaira na Oceanie Indyjskim należy rozpocząć od powrotu do pierwszych dni kwietnia 1944 roku.

Andamans proved empty – with not an enemy target in sight in the air or on the water. It looked like if we wanted to fight we would have to pull the Japanese out of hiding by their ears..."

In spite of the fact that there was no contact made with the enemy, the operational training had a very real and readily visible value; the pilots began to work as a team. They were able to practice numerous take-offs and landings, flights in formation and defending against simulated enemy attacks on their own ships.

The Corsairs of 15 NFW would become more active along with July's arrival of the aircraft carrier HMS "Victorious" in Ceylon. The simultaneous relocation of FAA Sqn. No. 1837 to "Illustrious" increased the number of Corsairs on each of the two carriers to 42 (Mk.II).

The combat history of the Corsair in the Indian Ocean begins during the first days of April, 1944. Disappointed by the absence of enemy activity in the western borders of their area, Royal Navy staff officers decided to make a move of their own. After a detailed analysis of their aerial reconnaissance lasting two weeks they began preparations to attack an enemy base.

On April 19, a dozen or so battleships of Far East Fleet defending HMS "Illustrious" attacked ports and an industrial center on Sabang on the northern promontory of Sumatra. Only the American pilots of VF-12 made any contact with the enemy. Commander Bob Dose's Hellcats shot down three G4M1 Bettys on their landing approach over Sabang. The Corsairs of 15 NFW marauding at the time over the base had to satisfy themselves with "ground" successes.

Two Wings of Corsairs, along with their carriers and twelve other ships, renewed attacks

Inny F4U-1D (BuNo 57608) podczas prób uzbrojenia w NATC w Patuxent River – tym razem maszyna z numerem AT-13. Doskonale widać nowy typ osłony kabiny.

Another F4U-1D (BuNo 57608), coded AT-13, on weapon tests at the NATC in Patuxent River. Of note is the new type of canopy.

---
[1] As z trzynastoma zwycięstwami, weteran bitwy o Wielką Brytanię, zginął w wypadku przy lądowaniu na HMS „Illustrious" 14 kwietnia 1944 roku.

W pokładowej służbie Jego Królewskiej Mości

Formacja F4U-1D z dywizjonu VMF-224 lotnictwa USMC w locie. VMF-224 był jedyną jednostką myśliwską Corsairów, w której numery na samolotach malowano na kadłubie tuż za silnikiem.

A flight of F4U-1Ds assigned to VMF-224, USMC. The unusual placement of aircraft codes on fuselages just aft of engines was unique to that squadron.

Zawiedzeni nieobecnością przeciwnika na zachodnich podejściach do jego obszaru, sztabowcy Royal Navy zdecydowali się wówczas na krok ofensywny. Po drobiazgowej analizie wyników rozpoznania lotniczego, w połowie miesiąca rozpoczęły się przygotowania do wypadu na bazę wroga.

Dnia 19 kwietnia 1944 roku kilkanaście okrętów Floty Dalekowschodniej osłaniających HMS „Illustrious" zaatakowało port i ośrodek przemysłowy na wyspie Sabang u północnego cypla Sumatry. Przy tej okazji przeciwnika napotkali w powietrzu wyłącznie piloci amerykańskiego VF-12. Hellcaty komandora Boba Dose'a zestrzeliły nad Sabang trzy podchodzące do lądowania bombowce typu G4M1 Betty. Buszujące tymczasem nad bazą Corsairy 15. NFW musiały chwilowo zadowolić się sukcesami „naziemnymi".

Dwa Skrzydła Corsairów wraz z macierzystymi lotniskowcami i dwunastoma innymi okrętami, ponowiły ataki na Sabang rankiem 25 lipca. Poza czysto myśliwską rolą „top cover", Corsairy pełniły tym razem również rolę samolotów rozpoznania fotograficznego i kierowały ogniem okrętowej artylerii. Ostatni klucz F4U opuszczający strefę akcji dokonał ponadto rozpoznania jej wyników oraz oceny zniszczeń na terenie bazy lotniczej i portu. Doszło wówczas do spotkania z nieprzyjacielskimi myśliwcami. Związały one walką trzy dywizjony 47. i 15. NFW. Najlepiej poszczęściło się pilotom tego

on Sabang on the morning of July 25. Besides providing "top cover," this time the Corsairs also performed photo reconnaissance and directed the fire of naval artillery. The last F4U flight leaving the combat zone estimated damage levels to the airfield and port. During this time they met up with enemy fighters. Three squadrons from 47 and 15 NFW took part in the fighting, with the pilots of 15 NFW faring the best. Without losses the Wing shot down five Zeros and one twin-engined bomber. Three of the A6M3s fell to the 1830 Squadron. The rest of the victories belonged to the 1833 Squadron. The seventh and last plane lost on that day by IJNAF over Sabang fell victim of the 1838 Squadron (47 NFW) from "Victorious." This comprehensive test of the Corsair as a multi-role plane was completed to the satisfaction of all.

In spite of this, the next time the Corsairs took part in combat wasn't until October 17. On that day, British Far East Fleet with "Victorious" (47 NFW with Corsairs from the 1834 and 1836 Squadron) and "Indomitable" (Hellcats) turned towards the Japanese base complex in the Nicobars.

Warned by antiaircraft radar, the enemy was not taken by surprise. The FAA planes came under murderous flak as they approached. They lost two Corsairs and one Barracuda.

After two days waiting out a raging typhoon, operations against the Nicobars re-

ostatniego. Bez strat własnych w dorobku skrzydła znalazło się pięć Zer i jeden dwusilnikowy bombowiec. Trzy spośród A6M3 przypadły 1830. Dywizjonowi. Reszta zestrzeleń należała do 1833. Siódmy i ostatni samolot utracony tego dnia przez IJNAF nad Sabang padł łupem 1838. Sqn (47. NFW) z „Victoriousa". Wszechstronny sprawdzian Corsaira jako samolotu wielozadaniowego wypadł zadowalająco.

Pomimo tego czas następnej akcji bojowej nadszedł dopiero w październiku. Dnia 17 października 1944 roku brytyjska Flota Dalekowschodnia z „Victoriousem" (47. NFW złożone tym razem z Corsairów 1834. i 1836. Sqn) oraz „Indomitablem" (Hellcaty) zwróciła się przeciw skupisku japońskich baz w archipelagu Nikobarów.

Ostrzeżeni wskazaniami radarów przeciwlotnicy nieprzyjaciela nie pozwolili się zaskoczyć. Maszyny FAA, podchodząc do ataku, dostały się pod morderczy ostrzał opl. Ściągnął on na ziemię dwa Corsairy i jedną Barracudę.

Po dwudniowym przeczekiwaniu szalejącego tajfunu, akcje przeciw Nikobarom ponowiono 19 października. Tym razem F6F i F4U (z 1834. Sqn) natknęły się w powietrzu na broniące bazy myśliwce typu Ki-43 Oscar z 26. Sentai. Prowadzący je do walki kapitan Koji Kubawata był tym razem zdecydowany za wszelką cenę rozprawić się z napastnikami.

Wiodący czołową eskadrę 1834. Dywizjonu kanadyjski kapitan Leslie Duncan Durno od rana przeczuwał, jak to wyraził: „bliskość wielkiej chwili. Czułem przez skórę, że po dwóch latach jałowych startów i lądowań na poczciwym 'Illustriousie' dopadnę wreszcie jakiegoś Japończyka i stłukę go na kwaśne jabłko. Prowadzący ostatnią odprawę dowódca skrzydła, komandor Har-

sumed on October 19. This time F6Fs and F4Us (with the 1834 Sqn) came upon Ki-43 Oscars from the 26 Sentai. Captain Koji Kubawata had decided to lead his men against the invaders at all costs.

At the head of the leading flight of the 1834 Sqn, Canadian Lieutenant Leslie Duncan Durno had had a feeling all morning long that, in his words, was like: "Something big was going to happen. I could feel it in my guts that after two years of boring take-offs and landings on the "Illustrious," I would finally catch a Japanese and I'd beat the living crap out of him. During our last briefing the wing commander, Commodore Harrington hammered into us: «I take you today to where the "Yellows" must be hiding. Our assignment is to draw them into the air and to shoot down as many as possible. Don't let the fighting hypnotize you into losing your orientation. When it's all over I want you to immediately join the other Corsairs, or if possible, your section or flight commander. Under no circumstances are you to play the lonely hunter, show off your acrobatic skills or take a tour of the islands. I repeat once again – we decimate the enemy and return home. Return home!»

The commodore's words rang in my ears even when my likeable "T7D" (my Mk II Corsair's number) carried me toward the growing horizon of the Nicobars. Through the clear skies I could see green patches of jungle in the distance rimmed by coral reefs whitened by the surf. From 10,000 feet it looked just like a paradise or a stereotypical "Visit the South Sea Islands" poster in the window of a travel agency in Toronto. I had to put a little effort into reminding myself what I was really here for. On

Formacja F4U-1D w locie. Samoloty mają podwieszone pod kadłubem dodatkowe zbiorniki paliwa o pojemności 170 galonów (643,5 litra).

A formation of F4U-1Ds in flight. The machines are rigged with 170 gallon (643.5 litre) auxiliary fuel tanks under their bellies.

W pokładowej służbie Jego Królewskiej Mości

F4U-1D nr 10 (BuNo ?) z podwieszonym pod kadłubem dodatkowym zbiornikiem paliwa o pojemności 170 galonów (643,5 litra). Samolot ma jeszcze wcześniejszy typ odsuwanej osłony kabiny – z ramami usztywniającymi.

F4U-1D side number 10 (BuNo ?) fitted with the 170 gallon (643.5 litre) external drop tank. The aircraft features the earlier-style framed canopy hood.

rington, wbijał nam do głowy: zabieram was dzisiaj tam, gdzie muszą się kryć żółtki. Naszym zadaniem jest wywabić ich w powietrze i zestrzelić, ilu tylko się da. Walka nie powinna was zahipnotyzować aż do utraty orientacji. Kiedy będzie już po wszystkim, należy natychmiast dołączyć do innych Corsairów w idealnej sytuacji – do dowódcy swojego klucza lub eskadry. Pod żadnym pozorem nie bawić się w samotne polowania. Nie popisywać akrobacjami i nie zwiedzać archipelagu. Po raz ostatni powtarzam – dziesiątkujemy wroga i do domu. I do domu! Słowa komandora dźwięczały mi w uszach nawet wówczas, gdy poczciwy „T7D" (oznaczenie mojego Corsaira Mk II) niósł mnie w kierunku rosnących na horyzoncie atoli Nikobarów. Nieograniczona widoczność odsłaniała w oddali zielone placki dżungli otoczone wianuszkami raf koralowych, na których załamywały się białe grzywacze przyboju. Z naszego pułapu 10 000 stóp wyglądało to tak idyllicznie, że aż nierealnie. Jak stereotypowy plakat 'Zwiedzaj Morza Południowe' z okna wystawy biura turystycznego w Toronto. Musiałem włożyć trochę wysiłku w otrząśnięcie się i uświadomienie sobie, po co właściwie tu jestem. Na podejściu do Nancowry wypatrzyłem w dole około osiemnastu Oscarów. Ostro zadarte w górę nosy nie pozostawiały złudzeń co do zamiarów przeciwnika. Chodziło mu o przechwycenie naszej wyprawy jeszcze przed celem. Miałem nad Japończykami 5000 stóp przewagi wysokości, była to idealna sytuacja do przejęcia inicjatywy, choć związana z ryzykiem pozostawienia bombowców bez opieki. Zdecydowałem się ryzykować. Kiedy nas dopadną, nie będzie już żadnego wyboru. Najpierw zawiadomiłem o niebezpieczeństwie moich trzech skrzydłowych: Dywizjon Oscarów z boku, na kursie kolizyjnym. Dobra chłopaki, nurkujemy żeby odciąć im drogę. Róbcie to co ja!

Tak się też stało. Reszta dywizjonu chyba nie dosłyszała ostrzeżenia, jako że pozostała na

the approach to Nancowry I spotted about eighteen Oscars underneath me. Their sharply upturned noses didn't leave any questions as to their intentions. They wanted to intercept us before we could reach our target. We had a 5,000 ft. advantage over the Japanese. It was the ideal situation for us to take the initiative, though we ran the risk of leaving the bombers on their own. I decided to take the risk. If they were to catch us, we wouldn't have any choice at all. I first notified my three wingmen about the danger: There's a squadron of Oscars coming from the side, on a collision course. OK boys, let's dive and cut them off. Do what I do!

So that's what happened. The rest of the squadron must not have heard warnings, because they stayed on their previous course, and only caught up to us after a good while. During this time my four planes caught up to the enemy with engines howling. The silver-and-green speckled Ki-43 I spotted, had a white fan-shaped emblem on its tail. I had him in my sights when I was in an awkward position – almost upside down. As I slowly corrected my position, one of my wing men shot at the Japanese. My intention of squeezing the trigger would have been unnecessary and dangerous. I had to abide by the same rules I had taught my subordinates – don't get in each others way when shooting and don't fire simultaneously at the same target. It was necessary to keep an eye out for each other.

I didn't have to look for long. After a bit a second "white fan" flashed by on my left. With a good amount of energy left over from diving, I had no difficulty in repeating the maneuvers of the Oscar. Roll, loop, turn and I was speeding behind his speckled, light-green tail, closing in on him almost to the point of ramming. This time nobody got in my way, although here and there I saw my fellow pilots

dotychczasowym kursie, ruszając za nami dopiero po dobrej chwili. W tym czasie moja czwórka z wyciem motorów doganiała przeciwnika. Srebrnoplamisty Ki-43, jakiego sobie upatrzyłem, nosił na ogonie białe godło w kształcie wachlarza. Chwyciłem go w celownik, znajdując się w nieco niedogodnej pozycji, niemal do góry nogami. Właśnie mozoliłem się z odłożeniem poprawki, gdy do mojego Japończyka zaczął strzelać jeden ze skrzydłowych. Odległe o ułamek sekundy naciśnięcie spustu uznałem więc za zbędne i niebezpieczne. Musiałem przecież przestrzegać tego, co sam wpajałem moim podwładnym – nie przeszkadzać sobie nawzajem w strzelaniu i nie prowadzić grupowego ognia jednocześnie do tego samego celu. Musiałem więc rozejrzeć się za innym. Nie trzeba było długo szukać. Po chwili mignął mi z lewej drugi „biały wachlarz". Posiadając w moim Corsairze jeszcze masę energii z nurkowania, nie miałem trudności w powtarzaniu manewrów Oscara. Wywrót, beczka, zwrot i już gnałem za jego kropkowanym, jasnozielonym ogonem, dochodząc go nieuchronnie aż po groźbę staranowania. Tym razem nikt mi nie przeszkadzał, choć tu i tam widziałem walczących w pobliżu kolegów. Odległy teraz o pięćdziesiąt metrów Japończyk nie sprawdzał przestrzeni za swoją maszyną. Liczył zapewne, że fenomenalne wznoszenie Ki-43 gwarantowało mu nietykalność ze strony ociężałego Corsaira. Wróg musiał być

fighting. Now 50 meters away, the Japanese pilot did not check his rear. He probably figured that the phenomenal climb rate of his Ki-43 would guarantee him immunity from a cumbersome Corsair. The enemy must have been extremely surprised seeing six streams of tracers passing his cockpit and exploding around him and tearing the skin of his right wing and almost shooting away the root. Very soon there was a huge hole. It was the largest, but not the only one. The next salvo from the Brownings made its way to the engine, which coughed and spat out black smoke. A three-second burst was enough to force the enemy into a cork-screw and lose control of his plane. He couldn't make evasive maneuvers anymore. There wasn't much smoke, but nonetheless I left him alone. The fate of this Oscar seemed decided. Increasing my throttle, I suddenly got so close to him that I almost rammed him a second time. The port wing of my "T7D" literally came within centimeters of his cockpit. For a moment I saw the grimace on the face of the pilot, crouching instinctively in his seat. My Christian conscience was telling me that this was a man I was killing! not an abstract opponent, but this man; crouching in the folds of his light brown pilot's suit. For a long time I couldn't rid myself of this thought. My distance from the face of this dying enemy must have been really small. Wishing I could get away from it all, I wanted to rush down with

Ten sam egzemplarz F4U-1D nr 10 (BuNo ?), tym razem bez dodatkowego zbiornika paliwa.

The same F4U-1D side number 10 (BuNo ?), this time seen without drop tank.

W pokładowej służbie Jego Królewskiej Mości

Fragment kabiny i skrzydła Corsaira. Widać różne szczegóły na lewej burcie kabiny i wychyloną trzyczęściową klapę.

Partial view of Corsair's cockpit and port wingroot. Note various details of the cockpit's sidewall and lowered three-piece flap.

niezmiernie zaskoczony widokiem sześciu strug pocisków smugowych mijających jego kabinę, ale także eksplodujących wokoło, drących poszycie prawego skrzydła i prawie je odstrzeliwujących u nasady. Momentalnie pojawiła się tam pokaźna dziura. Największa, ale nie jedyna. Następna salwa półcalówek powędrowała ku silnikowi, który kaszlnął i wypluł czarny dym. Trzy sekundy ostrzału wystarczyły, by wróg zwinął się w korkociągu, tracąc w widoczny sposób kontrolę nad sterami. Nie mógł już robić uników. Dymił nieznacznie, lecz mimo to dałem mu spokój. Los tego Oscara wydawał się przesądzony. Zwiększając ponownie gaz, w nagłym

the somersaulting Oscar. No additional blows were necessary to finish the execution. The Japanese pilot didn't try saving himself by bailing out. He smashed into a shallow reef, to die among the debris of his shattered machine at the entrance to the atoll.

At this point I regained control of myself. I look at the instrument panel. The indicators are rotating, the compass is spinning like a yo-yo, but the engine of my dependable Corsair is purring like a kitten. I level out. I look around and I see that the rest of my men are still fighting. The fighting is going on a bit above and to the east of me. I head in that direction. I notice

Trzy podstawowe myśliwce US Navy końcowego okresu wojny i pierwszych lat powojennych – (od lewej) F6F Hellcat, F4U Corsair i F8F Bearcat.

Three U.S. Navy's primary fighters of the Second World War and the first years of the post-war era: (from left) F6F Hellcat, F4U Corsair and F8F Bearcat.

zbliżaniu omal się z nim nie zderzyłem po raz drugi. Lewe skrzydło mojego T7D przeszło dosłownie o centymetry od kabiny przeciwnika. Przez nieskończenie krótką chwilę uchwyciłem grymas twarzy pilota kulącego się odruchowo w fotelu. Chrześcijańskie pojmowanie świata podpowiedziało z wyrzutem: zabijam człowieka! nie abstrakcyjnego przeciwnika, ale tego właśnie, kurczącego się w fałdach jasnobrązowego kombinezonu. Długo nie mogłem pozbyć się tej myśli. Odległość, z której spojrzałem w twarz ginącego nieprzyjaciela musiała być naprawdę mała. Zapominając o całym świecie, chciałem popędzić w dół za koziołkującym Oscarem. Żadne dodatkowe ciosy nie były już potrzebne do dopełnienia jego zagłady. Japończyk nie próbował ratować się na spadochronie. Wyrżnął w płyciznę rafy, ginąc w szczątkach maszyny roztrzaskanej u wejścia do atolu. W tym momencie opamiętałem się. Spojrzenie na tablice przyrządów. Wskaźniki wirują. Kompas zachowuje się jak jojo, ale silnik poczciwego Corsaira gra jak z nut. Wyrównuję lot. Rozglądam się i widzę, że walka reszty mojego dywizjonu trwa nadal. Toczy się trochę powyżej, na wschód ode mnie. Kieruję maszynę w tamtą stronę. Ku mojej radości obok zjawił się jeden ze skrzydłowych, który podążał za mną, co dodawało nam obu otuchy. Raz po raz zerkaliśmy w lusterka wsteczne, ponieważ z chmur, które zostawiliśmy w tyle, mógł dość łatwo zaskoczyć nas przeciwnik. Na szczęście przestrzeń za ogonem pozostała pusta. Po wspięciu się na wymaganą wysokość zapolowaliśmy na uchodzących z pola walki maruderów. W ten sposób udało się nam jeszcze do spółki zestrzelić dwa Ki-43, czego nie omieszkaliśmy zgłosić po powrocie. Cała akcja okazała się wielkim sukcesem (1. Chutai

happily that one of my wing men has joined my side. His keeping up with me made us both feel better. Again and again we checked our rear-view mirrors. Our enemy could easily surprise us from the clouds behind us. Fortunately the sky behind us stayed empty. After climbing to the required altitude, we hunted stragglers bent on escaping from the battlefield. In this way we succeeded in shooting down two Ki-43s, which we reported upon our return. Our mission was a huge success (1 Chutai 26 Sentai lost seven Ki-43s). Unfortunately, we paid for it with the loss of two Corsairs and one Hellcat along with their pilots. As for me, in addition to my single kill and the two group kills, I got two more in January, 1945..."

Unfortunately, none of the successes of FAA Far Eastern Fleet gained due renown in Great Britain. Neither publicity-wise, nor among Royal Navy staff.

The press informations about the operations of Corsair and other squadrons of the Fleet stationed in the Indian Ocean was brief at best. This was at odds with the overblown publicity about quite insignificant (to the overall outcome of the war) operations like the "Tirpitz" raids. The reason was simple – distance from home. The squadron that attacked the German battleship in a Norwegian fiord returned to Scapa Flow after three days to a gala welcome.

Admiral Sommerville's Fleet, after spending weeks on end at sea, could not count on anything similar. At the very best, they would find shelter in Ceylonese barracks.

On December 5 the British attacked oil refineries in Pangkalan Brandan and Soe. Protected by Corsairs and Hellcats, the air raid was really only a "reconnaissance fight." The results

Corsair F4U-1D holowany przez jeepa na pokładzie lotniskowca.

Corsair F4U-1D towed by a jeep across the deck of a carrier.

26. Sentai straciło siedem Ki-43). Niestety, okupionym utratą dwóch Corsairów i jednego Hellcata wraz z pilotami. Jeśli chodzi o mnie, do jednego indywidualnego i dwóch grupowych zestrzeleń dołączyłem jeszcze dwa w styczniu 1945 roku...".

Niestety, żadne z sukcesów dalekowschodnich jednostek FAA nie uzyskiwały w Wielkiej Brytanii należytego oddźwięku ani propagandowego, ani w sztabie Royal Navy. Informacje o akcjach jednostek Corsairów oraz innych jednostek floty na Oceanie Indyjskim mogły liczyć najwyżej na marginesowe wzmianki w prasie. Stało to w sprzeczności z wyolbrzymianymi ponad wszelkie granice informacjami o tak nieistotnych dla losów wojny operacjach jak bombardowanie „Tirpitza". Powód był prosty – odległość od domu. Eskadra atakująca niemiecki pancernik w norweskim fiordzie wracała do Scapa Flow po trzech dniach. Wprost na galowe przywitanie. Flota admirała Sommerville'a przebywająca w morzu całymi tygodniami nie mogła liczyć na nic w tym rodzaju. Co najwyżej na kwatery w cejlońskich koszarach.

Ostatni miesiąc roku rozpoczął 5 grudnia brytyjski atak na zakłady przetwórstwa ropy naftowej w Pangkalan Brandan i Soe. Osłaniany przez Corsairy i Hellcaty nalot był właściwie tylko „rozpoznaniem walką". Jego wyniki posłużyły brytyjskim sztabowcom do przygotowania ponownych, skuteczniejszych nalotów na te i podobne obiekty, począwszy od dnia 4 stycznia 1945 roku.

Początkowo szkolenie pilotów Corsairów w lądowaniu odbywało się na lądzie. Manewr ten na lotniskowcu nie należał do łatwych i często kończył się wypadkami.

Initially the future carrier pilots were trained to touch down in their Corsairs at regular airbases. At high seas this manoeuvre called for some skill and was very accident-prone.

helped British staff officers to prepare for further, more efficient air raids on these and similar objects, beginning on January 4, 1945.

* * *

The Royal New Zealand Air Force (RNZAF) were the third largest user of the Corsair after the U.S.A. and Great Britain with a total of 424 machines. The RNZAF accepted deliveries from April, 1944 to September, 1945 of 238 (some sources claim 237) F4U-1As, 126 (127) F4U-1Ds and 60 FG-1Ds.

From May, 1944 the Corsair became the prevailing New Zealand fighter-bomber. While on tactical missions in support of ground forces, they took part in campaigns on Bougainville, Green and other neighboring islands. Its exceptionally large (equal to that of the Mosquito) lifting capacity made the Corsair a "long-range bomber" used successfully over New Britain and (especially) over Rabaul. Unfortunately, there were no opportunities to gain aerial victories.

The first Corsairs of the 20 RNZAF Squadron, commanded by S/Ldr Duncan, were declared operational in May, 1944 at the US Navy transit base on Espiritu Santo (New Hebrides).

From the time they were assigned front line duty, the battle route of the thirteen squadrons (from 14 Sqn. to 26 Sqn.) of New Zealand Corsairs led through: Guadalcanal, Munda, Ondonga, Torokina, Piva, Green and Los Negros, to an Allied base at Jacquinot Bay (central New Britain). Regardless of the lack of an enemy in the

On His Majesty's Carrier Service

* * *

Nowozelandzkie Królewskie Siły Powietrzne, czyli Royal New Zealand Air Force (RNZAF) były pod względem ilości (424) otrzymanych maszyn trzecim, za USA i Wielką Brytanią, użytkownikiem Corsairów. RNZAF przyjęła na wyposażenie w okresie od kwietnia 1944 do września 1945 roku: 238 (według niektórych źródeł – 237) F4U-1A, 126 (jw. – 127) F4U-1D oraz sześćdziesiąt FG-1D.

Od maja 1944 roku Corsair stał się dominującym typem nowozelandzkiego samolotu myśliwair, tactical missions under fire from Japanese AA caused an increase in Corsair losses. Losses were also caused by accidents. From June, 1944, till the end of war, RNZAF lost 150 F4Us of which seventeen fell victim to enemy flak.

* * *

Among the squadrons of the three Royal Navy aircraft carriers in the Indian Ocean, only HMS "Victorious" had Corsairs as of January 1, 1945. They belonged to 47 Wing comprised of FAA

XF4U-3B był jednym z trzech prototypów tej wersji, przebudowanym z egzemplarza F4U-1A BuNo 49664. Samoloty XF4U-3 wyposażone były m.in. w turbosprężarkę, do której wlot znajdował się pod osłoną silnika.

XF4U-3B was one of the three prototypes which preceded this version, rebuilt from F4U-1A BuNo 49664. The XF4U-3 were equipped with, among others, turbosuperchargers. Their air scoops were located under engine cowlings.

Corsair F4U-1D nr 121 (BuNo ?) z dywizjonu VMF-216 lub VMF-217 lotnictwa USMC po nieudanym lądowaniu na pokładzie lotniskowca USS „Wasp" (CV-18) na wiosnę 1945 roku.

Corsair F4U-1D side number 121 (BuNo ?) of VMF-216 or VMF-217 (USMC) crashing on the deck of USS WASP (CV-18) during a botched-up landing, spring 1945.

W pokładowej służbie Jego Królewskiej Mości

Pierwszy prototyp wersji F4U-4, noszący nietypowe oznaczenie F4U-4X (czasami oznaczany także F4U-4XA) zamiast XF4U-4, powstał z przebudowy egzemplarza F4U-1A BuNo 49763. Samolot przechodził intensywne próby wiosną i latem 1944 roku. Oznaczenie typu i końcówka numeru seryjnego powtórzona na osłonie silnika.

This first prototype of F4U-4, carrying the unusual designation F4U-4X (sometimes referred to as F4U-XA) instead of XF4U-4, was a rebuilt F4U-1A BuNo 49763. It was extensively tested in the spring and summer of 1944. The aircraft's designation code and last digits of the serial number are repeated on the engine cowl.

sko-bombowego. Wspierając wojska lądowe misjami taktycznymi, brał udział w kampaniach na wyspach Bougainville, Green i okolicznych archipelagach. Wyjątkowo duży (równy z Mosquito) udźwig ładunków podwieszanych uczynił z Corsaira „bombowiec dalekiego zasięgu" używany z powodzeniem nad Nową Brytanią ze szczególnym uwzględnieniem Rabaul. Niestety bez żadnych już okazji do odnoszenia zwycięstw powietrznych.

Pierwsza jednostka Corsairów, dowodzony przez S/Ldr Duncana 20. Sqn RNZAF, uzyskała gotowość bojową dnia 15 maja 1944 roku w bazie tranzytowej US Navy na wyspie Espiritu Santo (Nowe Hebrydy). Od czasu przebazowania na pierwsze lotnisko frontowe szlak bojowy trzynastu dywizjonów (od 14. Sqn do 26. Sqn włącznie) nowozelandzkich Corsairów wiódł poprzez Guadalcanal, Munda, Ondonga, Torokina, Piva, Green i Los Negros do alianckiej bazy nad zatoką Jacquinot (środkowa Nowa Brytania). Bez względu na brak nieprzyjaciela w powietrzu, misje taktyczne pod ogniem japońskiej opl. przysporzyły Corsairom strat (ponoszono je także w wypadkach). Pomiędzy czerwcem 1944 roku a zakończeniem działań wojennych dywizjony RNZAF utraciły 150 F4U, wśród których siedemnaście było ofiarami nieprzyjacielskich przeciwlotników.

* * *

Wśród grup lotniczych trzech lotniskowców Royal Navy na oceanie Indyjskim 1 stycznia 1945 roku Corsairy posiadał tylko HMS „Victorious". Maszyny należały do 47. Skrzydła złożonego z 1834. i 1836. Dywizjonu FAA. Nowy rok otworzyła spektakularna akcja tych jednostek (zdominowany skądinąd przez liczniejsze Avengery i Hellcaty nalot na Pangkalan Brandan). W dniu 4 stycznia w starciach nad sumatrzańskimi polami naftowymi piloci osiemnastu Corsairów zgłosili siedem zwycięstw nad jednoi dwusilnikowymi maszynami IJAAF.

Squadrons 1834 and 1836. These units started the New Year off with a spectacular mission. The one dominated by more numerous Avengers and Hellcats – an air raid on Pangkalan Brandan. In encounters over the Sumatran oilfields on January 4, pilots of eighteen Corsairs claimed seven victories over single– and twin-engined IJAAF machines.

Three weeks later Japanese bases in south Sumatra became subjects of yet more intensive attacks on January 24. Shortly after the aircraft carrier HMS "Illustrious" joined the fleet with Mk.II Corsairs of the 1830 and 1833 Squadrons. Seven of the thirty-two Corsairs involved in the mission were destroyed by enemy fighters and AA. The small scale of this operation in comparison to American missions is illustrated by the fact that the eight victories gained that day would set an FAA record for the most planes shot down in one day by Corsairs. In an air raid repeated on the same target on January 29 the four Corsair squadrons noted another five victories for the loss of two Mk.IIs. The profit to loss ratio of the attacks on the refineries (the overall damage to the refineries was paid for by the loss of 40 planes) was considered by London to be satisfactory.

British ships were restationed from the Indian Ocean to the southeastern coast of Australia to head towards the Japanese coast in March, 1945. Admiral Sir Bruce Fraser, with five aircraft carriers of his squadron, somewhat pretentiously named the British Pacific Fleet (BPF) would operate during the final months of the war… Under American command, with American supplies and as a part of American Task Force 57 (TF57). This small (by US Navy standards) team carried aboard its aircraft carriers just 270 planes. Among them 110 Corsairs from six squadrons based on HMS "Formidable," "Victorious" and "Illustrious". Rather uninspiring operations at Okinawa (with 70% of their

Japońskie bazy w południowej części Sumatry stały się trzy tygodnie potem przedmiotami jeszcze intensywniejszych ataków, przeprowadzonych 24 stycznia, wkrótce po dołączeniu do floty wyposażonego w Corsairy Mk II (1830. i 1833. Sqn FAA) lotniskowca HMS „Illustrious". W zmaganiach z myśliwcami i opl. zniszczeniu uległo siedem z trzydziestu dwóch zaangażowanych w te akcje Corsairów. O niewielkiej – w porównaniu z amerykańskimi – skali tej operacji świadczy fakt, że osiem odniesionych tego dnia zwycięstw, pozostanie na zawsze rekordem dziennym brytyjskich Corsairów. Nalot powtórzony nad tym samym celem i w tym samym składzie 29 stycznia, dał czterem dywizjonom Corsairów pięć zestrzeleń. Ich ceną była utrata dwóch Mk II. Po tej operacji rachunek zysków (uszkodzenie japońskiej rafinerii) i strat (ponad czterdzieści maszyn) uznano w Londynie za satysfakcjonujący. Brytyjskie okręty przebazowały z Oceanu Indyjskiego do południowo-wschodniej Australii, by w marcu 1945 roku wyruszyć ku brzegom Japonii. Wyposażona w pięć lotniskowców eskadra admirała Sir Bruce'a Frasera, zwana trochę na wyrost Brytyjską Flotą Pacyfiku (BPF), miała operować w końcowych miesiącach wojny pod amerykańskim zwierzchnictwem z pomocą amerykańskiego zaopatrzenia i pod amerykańskim oznaczeniem jako Task Force 57 (TF57). Ten mały, jak na standardy US Navy, zespół posiadał na pokładach swych lotniskowców zaledwie 270 samolotów. Wśród nich 110 Corsairów z sześciu dywizjonów bazujących na HMS „Formidable", „Victorious" i „Illustrious". Niezbyt owocne operacje pod Okinawą zakończył w początkach czerwca, spowodowany utratą siedemdziesięciu procent samolotów powrót BPF do Sydney. Ponowne wejście do walki nastąpiło niespełna miesiąc przed końcem wojny. Podczas wymiatań po pustym niebie Nippo-planes lost) ended in the return of BPF to Sydney in June. Their second combat tour came about one month before the war's end. During sweeps of the empty Nippon skies from July 17 to August 9, 1945, the F4Us managed to claim just two victories. Both were gained by the 1841 Sqn pilots from HMS "Formidable." In total, the number of victories claimed by FAA Corsairs did not even come close to fifty.

For lack of targets during the last days before Japan's surrender pilots attacked the roads leading to ports and airfields. Deserted, but nonetheless efficiently defended by AA, the losses inflicted upon the Corsairs were disproportionate to the profits gained by these nonsensical operations. A mission flown by the 1841 Sqn against the patrol boat "Amakusa" would remain a symbol of that waist. Wrongly qualified by some sources as a destroyer, this small ship was in reality an 870-ton patrol boat not even 50 meters long. The determined attack by the Corsairs resulted with the "Amakusa's" sinking. But it cost the "Formidable's" pilots the loss of a popular commander, Lt Bob Gray who has won the posthumous Victoria Cross for his feat.

Of eighteen FAA Corsair squadrons, only eight would see combat. The symbolic end of their activities in the Pacific Ocean came when the aircraft carrier HMS "Glory" embarking the 1831 Squadron's Corsairs, took part in the September surrender of the Japanese garrison at Rabaul.

From Dash-One-D to Dash-Seven

In the second half of the February, 1944, under pressure from Allied air raids, the bulk of the Japanese air forces left New Britain. For this reason early spring went by for the Corsairs without dogfights and with mostly tactical assign-

Drugi „produkcyjny" (tj. nie pochodzący z przebudowy F4U-1A) prototyp XF4U-4 (BuNo 80760) podczas prób w NATC w Patuxent River w styczniu 1945 roku. Osłona silnika pomalowana w czarno-czerwoną szachownicę z żółtymi elementami.

The second 'serial' (meaning not a rebuilt F4U-1A) XF4U-4 prototype (BuNo 80760) tested at the NATC in Patuxent River, January 1945. The engine cowl painted in black and red checkers with some yellow elements.

F4U-4 nr 40 (BuNo ?) z pierwszych serii produkcyjnych. Samolot ma stary typ osłony kabiny, taki sam jak w późnych F4U-1D. Podwójny winkiel na usterzeniu pionowym to oznaczenie składnicy sprzętu w bazie Orote na wyspie Guam w 1945 roku.

F4U-4 side number 40 (BuNo ?) of the first production series. Ther aircraft is equipped with the older-style canopy, as seen on the late production F4U-1Ds. The double chevron on the tail identifies the supplier of this machine – the aircraft depot at Orote airbase, Guam, 1945.

nu w okresie od 17 lipca do 9 sierpnia 1945 roku F4U odniosły już tylko dwa zwycięstwa powietrzne, które zgłosili piloci 1841. Sqn z „Formidable'a". Pomimo to, całkowita liczba zestrzeleń na koncie Corsairów FAA nie osiągnęła nawet pięćdziesięciu. Z braku lepszych celów w ostatnich dniach przed kapitulacją atakowano redy portów i lotniska. Opustoszałe, ale wciąż bronione skutecznie przez opl. Straty zadawane przez nią Corsairom były nieproporcjonalne do zysków z tych bezsensownych operacji. Ich symbolem pozostaje akcja 1841. Dywizjonu przeciw patrolowcowi „Amakusa". Mylnie kwalifikowany w niektórych źródłach jako niszczyciel, okręcik ten był w istocie 870-tonowym patrolowcem o długości niespełna 50 metrów. Pełen poświęcenia atak Corsairów zakończony zatopieniem „Amakusy", kosztował pilotów „Formidable'a" utratę popularnego dowódcy, kapitana Boba Graya. Pośmiertnie odznaczonego za tę akcję krzyżem Victoria Cross.

Spośród osiemnastu dywizjonów FAA sformowanych na Corsairach tylko ośmiu dane było służyć w warunkach bojowych. Symbolicznym zakończeniem ich działań na Pacyfiku było uczestnictwo lotniskowca HMS „Glory" i Corsairów jego 1831. Dywizjonu we wrześniowej kapitulacji japońskiego garnizonu twierdzy Rabaul.

Od F4U-1D do F4U-7

W drugiej połowie lutego 1944 roku pod naciskiem alianckich nalotów japońskie lotnictwo opuściło Nową Brytanię. Z tego powodu wczesna wiosna upłynęła Corsairom na zadaniach niemal wyłącznie taktycznych z powodu braku walk powietrznych. Zmiana profilu działań oraz doświadczenia z kampanii na Salomonach postulowały dawno odwlekany krok.

ments. This change of mission profile and experiences gained in the Solomons brought on a change which had been put off for a long time. The conversion of the new F4U from a fighter into a ground attack plane. In this particular instance it wasn't a difficult task for the manufacturers.

Production of a new Corsair version called the F4U-1D began in mid April. The plane differed slightly from its predecessors: F4U-1A and F4U-1C (versions F4U-1, F4U-1A and F4U-2 are discussed in "Chance Vought F4U Corsair" vol. I, Kagero, 2004). The existing armament of six 12,7 mm (0.5 in.) Browning 53-2s, remained, while under the centerplane section were two factory installed pylons for two 454 kg (1,000 lb.) bombs or additional 606 liter (160 gal.) fuel tanks. Under the outer wing sections of the F4U-1D were eight (four on each side) zero-length rocket launch stubs for unguided 5" HVAR (High-Velocity Aerial Rockets). The new Corsair was produced by all three existing manufacturers: Vought – as the F4U-1D. And under license as a Goodyear FG-1D and Brewster F3A-1D.

Often the role of the modifications leading from the F4U-1C to the F4U-1D (pylons, runners and 20 mm cannon) was underestimated, but they proved fundamental to the further development of the Corsair. Characteristics common to both of the above-mentioned versions would be reflected in later versions of the plane, called the "optimum" or even "luxury" – wartime F4U-4 and post-war F4U-5. Both were capable of carrying suspended loads of up to one and a half tons.

Before we begin the discussion of the next production version Corsair (F4U-4), we should at least mention those less popular variants.

From Dash-One-D to Dash-Seven

Przeistoczenie nowej wersji F4U z myśliwca w maszynę szturmową nie nastręczyło konstruktorom większych trudności. W połowie kwietnia ruszyła seryjna produkcja nowej wersji Corsaira zwanej F4U-1D. Samolot różnił się nieznacznie od poprzedników: F4U-1A i F4U-1C (wersje F4U-1, F4U-1A i F4U-2 omówione zostały w książce *Chance Vought F4U Corsair*, vol. I, Lublin 2004). Zachowano uzbrojenie w sześć 12,7-milimetrowych (półcalowych) Browningów 53-2, pod centropłatem mieszczono dwa mon-

F2G – The F2G was developed at Goodyear by joining an FG-1A airframe with a 3000 HP Pratt&Whitney R-4360 Major Wasp engine – a four-row radial which guaranteed a maximum speed of over 725 km/h (450 mph), required a four bladed propeller, an extended cowl, a dorsal air scoop and a shortened fuselage. The "Anti-Kamikaze" versions: F2G-1 (land based – with no tail hook, wings folded by hand) and F2G-2 (carrier version – with tail hook and wings folded hydraulically) never entered pro-

Jeden z pierwszych seryjnych F4U-4 (BuNo ?). Samoloty tej wersji pojawiły się zbyt późno, by wziąć udział w drugiej wojnie światowej na masową skalę. Ich debiut bojowy miał miejsce w kwietniu 1945 roku nad Okinawą.

One of the first serial production F4U-4s (BuNo ?). This sub-variant entered service too late to see combat in the Second World War in numbers. Their combat debut took place in April 1945 over Okinawa.

F4U Corsair — 23

Od F4U-1D do F4U-7

F4U-4 (BuNo ?) uzbrojony w osiem pocisków rakietowych HVAR (High-Velocity Aerial Rocket) kal. 127 mm pod skrzydłami. Samolot ma nowy typ wiatrochronu z płaską przednią szybą.

F4U-4 (BuNo ?) armed with eight underwing 127 mm HVAR (High-Velocity Aerial Rocket) rocket missiles. The aircraft features the new flat bullet-proof centre-panel windscreen.

towane fabrycznie pylony dla dwóch 454-kilogramowych (1000-funtowych) bomb lub dodatkowych 606-litrowych (160-galonowych) zbiorników paliwa. Pod zewnętrznymi elementami skrzydeł F4U-1D znajdowało się osiem (po cztery na płat) bezprowadnicowych wyrzutni dla niekierowanych, 5-calowych pocisków rakietowych HVAR. Najnowszy Corsair produkowany był przez wszystkich trzech dotychczasowych wytwórców. Voughta – jako F4U-1D, w licencyjnej wersji zakładów Goodyear – jako FG-1D oraz Brewstera – jako F3A-1D.

Często niedoceniane modyfikacje prowadzące od F4U-1C do F4U-1D (pylony, prowadnice rakiet i 20-milimetrowe działka) okazały się fundamentalne dla dalszego rozwoju Corsaira. Cechy wspólne obu wyżej wymienionych odmian znajdą bowiem odbicie w następnych wersjach samolotu, zwanych „optymalnymi" lub nawet „luksusowymi": jeszcze wojennym F4U-4 i powojennym F4U-5, obu zdolnych do unoszenia ładunków bojowych sięgających półtorej tony.

Zanim omówimy następne wersje produkcyjnej Corsaira (F4U-4), należy choćby krótko wspomnieć o odmianach mniej popularnych.

F2G powstał w zakładach Goodyear z połączenia płatowca FG-1A z 3000-konnym silnikiem Pratt&Whitney R-4360 Major Wasp. Jego układ poczwórnej gwiazdy gwarantujący prędkość maksymalną ponad 725 km/h (450 mph) wymagał zastosowania czterołopatowego śmigła, wydłużenia osłony silnika zaopatrzonej u góry w chwyt powietrza oraz skrócenia kadłuba. Planowane do roli „antykamikadze" wersje F2G-1 (lądowa – bez haka hamującego, ze skrzydłami składanymi ręcznie) oraz F2G-2 (pokładowa – z hakiem i skrzydłami rozkładanymi hydraulicznie) nie weszły do seryjnej produkcji z racji za-

duction because of Japan's surrender. The on board and suspended armament of the F2G, with its distinctive tear-drop canopy, was exactly like that of the F4U-1D. The instrumentation was taken from the F4U-4. A total of eighteen prototypes and pre-production models of the F2G were built. After the war several of these planes became distinguished air racers.

F4U-3 – It was the second unfulfilled Corsair. A marriage of the F4U-1 fuselage to the Pratt&Whitney R-2800-14 type "C" engine with a Birmann turbocharger (under the forward fuselage), it was equipped with a four bladed Hamilton Standard propeller, enlarged engine cooling flaps, a simplified exhaust system and no tail hook. Besides the XF4U-3, two other prototypes were tested: the XF4U-3A and XF4U-3B. The conclusion was that the top speed (414 mph) was inadequate and the project was cancelled because of a more promising successor.

F4U-4 – It took seven prototypes (BuNo 49763, 50301, 80759-80763) to adapt a more powerful fuselage to the latest Pratt&Whitney Double Wasp series C engine. The engine itself, a R-2800-18W, came into being by strengthening the block and cylinders and improvements to the cooling system. Its maximum emergency power output was raised to 2,100 HP, and further increased to 2,450 HP by use of a water/methanol injection system for periods of five minutes. For more efficient use this potential, the three bladed propeller was exchanged for a four bladed Hamilton Standard type. At a later stage of F4U-4 construction the Pratt&Whitney R-2800-18W "C" was replaced by the more economic R-2800-42W. The second (and last) of the radical changes was a complete redesigning of the cockpit interior.

kończenia działań wojennych. Pokładowe i podwieszane uzbrojenie wyróżniające się kroplowymi kabinami F2G odpowiadało dokładnie F4U-1D. Prototypów i egzemplarzy przedprodukcyjnych F2G powstało w sumie osiemnaście. W latach powojennych kilka z nich wyróżniło się sukcesami na wyścigach lotniczych.

F4U-3 był drugim niespełnionym Corsairem. Powstały z połączenia płatowca F4U-1 z silnikiem Pratt&Whitney R-2800-14 typu „C" i turbosprężarką Birmann (pod przednią częścią kadłuba), wyposażony był w czterołopatowe śmigło Hamilton Standard, powiększone klapki chłodzenia silnika, uproszczony układ wydechowy i pozbawiony został haka hamującego. Poza XF4U-3 testowano w podobnym układzie jeszcze dwa prototypy: XF4U-3A i XF4U-3B. Prace zakończyły się konkluzją o niewystarczających osiągach (414 mph) i unieważnieniem projektu na rzecz bardziej obiecującego następcy.

F4U-4. Dla dopasowania potężniejszego płatowca do najnowszego silnika Pratt&Whit-

The gun armament on the F4U-4 was no different from that of the F4U-1D (six machine guns with a combined reserve of 2,400 rounds of ammunition). The F4U-4B was armed like the F4U-1C with four 20 mm M-3 cannon and carried 924 rounds.

The new powerplant, besides the new propeller, also required four small changes be made to the forward fuselage. A cylindrical crank case had to be fitted under the engine cowling. To assure the correct inflow of air an additional scoop was mounted on the front lower edge of the engine cowling. Of the three port and three starboard exhaust pipes, two on each side were raised above the wing leading edges. The last change was to increase the size of the lower engine housing and cooler, which was situated between the lower back edge of the cowl and the centerplane section.

Returning to radical changes, major changes were made in the Corsair's cockpit. A floor was added, instruments mounted on the sides

F4U-4 nr 93 (BuNo ?). Główną różnicą w stosunku do poprzednich wersji był nowy silnik (wymagający dodatkowego wlotu powietrza w dolnej krawędzi osłony) i 4-łopatowe śmigło.

F4U-4 side number 93 (BuNo ?). It mainly differed from its predecessor in a new powerplant (which necessitated an additional chin air scoop at the bottom of the engine cowling) and the four-bladed propeller.

Wycofane do rezerwy Corsairy F4U-4 w jednej ze składnic sprzętu.

Surplus F4U-4 Corsairs stocked at one of the U.S. Army's depots.

ney Double Wasp serii C potrzeba było aż siedmiu prototypów (BuNo 49763, 50301, 80759, 80760, 80761, 80762 i 80763). Sama jednostka napędowa R-2800-18W powstała za sprawą wzmocnienia bloku i cylindrów oraz poprawienia chłodzenia. Moc maksymalna silnika podniesiona do 2100 KM, wzrastała przy zastosowaniu wtrysku wody z metanolem do 2450 na pięć minut. Dla spożytkowania tego potencjału śmigło trzyłopatowe zamieniono na czterołopatowe Hamilton Standard. Na późniejszym etapie produkcji F4U-4 silnik Pratt&Whitney R-2800-18W „C" zastąpiono ekonomiczniejszym R-2800-42W. Drugą i ostatnią z radykalnych zmian było kompletne przekonstruowanie wnętrza kabiny. Uzbrojenie pokładowe F4U-4 nie różniło się niczym od F4U-1D (sześć kaemów z łącznym zapasem 2400 sztuk amunicji). Natomiast F4U-4B uzbrojony był, wzorem F4U-1C, w cztery 20-milimetrowe działka typu M-3 zaopatrywane łącznie w 924 sztuki amunicji.

Nowa jednostka napędowa wymagała poza nowym śmigłem także czterech drobnych zmian przedniej części kadłuba samolotu. Umieszczenia pod osłoną silnika wymagała cylindryczna skrzynia korbowa. Dopływ powietrza zapewniał dodatkowy jego chwyt umiejscowiony w przedniej dolnej krawędzi osłony silnika. Spośród trzech prawych i trzech lewych rur wydechowych po dwie przeniesiono ponad poziom krawędzi skrzydeł. Ostatnią zmianę stanowiło powiększenie dolnej pokrywy silnika i chłodnic, umieszczonej między tylną dolną krawędzią osłony silnika a centropłatem.

Wracając do zmian radykalnych, na dodatkowy opis zasługują zmiany w kabinie Corsaira. Została ona uzupełniona o podłogę. Oprzyrządowanie ścian bocznych zintegrowane zostało w dwie specjalne konsole. Trzecia konsola pojawiła się centralnie i sięgała od głównej tablicy przyrządów aż do podłogi między pedałami orczyka. Dotychczasowy „samochodowy" fotel pilota zastąpiono „kubełkowym" krytym z tyłu płytą pancerną. Znaczna część pięciu prototypów i 995 egzemplarzy seryjnych F4U-4 wypo-

were integrated into two special consoles, a third center console was added which reached from the main instrument panel to the floor between the rudder pedals. The existing "car" seat was replaced by a "bucket" seat with armor plate in the back. A large number of the five prototypes and 995 series-built F4U-4s was equipped with the same windscreen used in the F4U-1A and F4U-1D. About half-way into production, the last 1,311 F4U-4s, F4U-4Bs and F4U-4Ps assembled were given a new type of bullet-proof "flat" wind-screen.

The two centerplane pylons on the F4U-4 were changed in relation to those used on the F4U-1D in one way. It permitted the hanging and igniting of unguided Tiny Tim rocket missiles (11.75 in.).

The HVAR rails typical of the F4U-1D were adapted for easy disassembly and replacement with 250 lb. bomb racks.

The F4U-4B's armament (of which only 140 were built according to the latest data) consisting of four 20 mm cannon, forced a redistribution of the hardpoints. Two of the eight pylons were located directly below the barrels of the far cannon. Of the total 2,354 F4U-4s built, nine were different kinds of prototypes and eleven were refitted to become the reconnaissance F4U-4P, often confused with the later F4U-5P, of which 30 were built. The F4U-4P kept the standard armament of the fighter version. Its main equipment was a single, mounted camera which could take perpendicular and oblique photographs through doors in the bottom and lower left side of the fuselage. The tempo and efficiency of work on new versions of the Corsair is illustrated by the fact that the first prototype F4U-4, based on the F4U-1, first flew in April, 1944. One year later the F4U-4 went through its baptism of fire over Okinawa.

F4U-5 – This version of the Corsair was the first fully post-war version. The first prototype, flown April 4, 1946, showed a radical departure from the original concept. Many details were changed in the first production version, one of

Odrestaurowany Corsair F4U-4 nr 112 (BuNo ?) w barwach dywizjonu VF-43.

Restored Corsair F4U-4 side number 112 (BuNo ?) painted in the markings of VF-43 squadron.

sażona była w niezmieniony wiatrochron stosowany już w wersjach F4U-1A i F4U-1D. Dopiero w połowie produkcji, w następnych 1311 egzemplarzach F4U-4, F4U-4B i F4U-4P, montowano nowy typ pancernego wiatrochronu, który zwano „płaskim".

Dwa podcentropłatowe pylony F4U-4 uległy w stosunku do F4U-1D tylko jednej modyfikacji. Pozwalała ona na podwieszanie i odpalanie niekierowanych pocisków rakietowych (kalibru 11,75 cala) typu Tiny Tim.

Typowe dla F4U-1D bezprowadnicowe zamocowania rakiet HVAR przystosowano do łatwego demontowania i zastępowania wyrzutnikami bomb o maksymalnym wagonjarze 250 funtów.

Uzbrojenie wersji F4U-4B – według najnowszych danych wyprodukowanej tylko w 140 egzemplarzach – w cztery 20-mm działka, podyktowało inne rozmieszczenie zamocowań dla uzbrojenia podwieszanego. Dwa spośród ośmiu takich pylonów, znajdowały się bezpośrednio pod wylotami luf zewnętrznych działek. Wśród ogólnej liczby 2354 F4U-4, dziewięć było różnego rodzaju prototypami, a jedenaście przebudowano na rozpoznawczy wariant F4U-4P, mylony często z późniejszym, zbudowanym w trzydziestu egzemplarzach F4U-5P. F4U-4P zachował standardowe uzbrojenie wersji myśliwskiej. Jego głównym ekwipunek stanowiła wszakże pojedyncza kamera do pionowego i skośnego fotografowania poprzez okna w spodzie i lewym dolnym boku kadłuba. O pośpiechu, a jednocześnie skuteczności prac konstrukcyjnych nad nową wersją Corsaira świadczą następujące fakty. Pierwszy prototyp F4U-4 powstały na bazie płatowca F4U-1, wzniósł się w powietrze w kwietniu 1944 roku. Już rok później seryjne F4U-4 przeszły chrzest bojowy nad Okinawą.

F4U-5. Ta odmiana Corsaira była pierwszą, w pełni powojenną wersją. Prototyp oblatany 4 kwietnia 1946 roku stanowił pod wieloma względami zdecydowane odejście od początkowej koncepcji. W egzemplarzu produkcyjnym (jednym z 223 wersji myśliwskiej), który odbył dziewiczy lot trzynaście miesięcy później, uwagę zwracało wiele odmiennych detali. Większość z nich miała źródło w nowej jednostce napędowej typu Pratt&Whitney Double Wasp

which (223 were built) was flown thirteen months later. Most of the new Corsairs used the new Pratt&Whitney Double Wasp R-2800-32W "E." It had a two-stage, variable speed turbocompressor. To fit this it was necessary to lengthen the fuselage by 25 cm (10 in.) and relocate the upper exhaust pipes upwards. The demand for more air forced a redesigning of the cowl. Instead of the bottom inlet used on the F4U-4, the F4U-5 had its double inflows seated a little higher which enlarged the overall diameter of the cowl by 10 cm (4 in.).

To improve stability along the length of the fuselage and visibility forward, the engine axis was lowered 2.75° down from the axis of the fuselage. Automatic (new type) cooling flaps were installed along the lower joint of the cowl and fuselage. The F4U-5 was also equipped with manual and automatic regulation for opening cooler flaps (oil and intercooler).

It may be difficult to believe that the F4U-5 was the first Corsair with a completely metal skin on external wing elements. The blue position lights were moved from the top of the wings to the bottom. The three identification lights on the lower side of the starboard wing were done away with completely. The F4U-5 stabilizers were made of an alloy called Metalite which was maintenance free, with no opening panels. Elevator trim tabs were enlarged and given electric motors.

Pilots got into the spacious cabin of the F4U-5 using a folding step which extended out from under the starboard side of the fuselage. The windscreen was again elevated and rounded, with the bottom and rear section widened to better fit the widened fuselage. The cockpit was also more similar to the prototype. The central console, which filled the space between the instrument panel and floor in the F4U-4, was eliminated. On the list of new equipment was a more effective heating installation and wind-screen defroster.

A new ventral pylon on the F4U-5 was capable of carrying 900 kg (2000 lb.) loads. The underwing pylons and gun armament were the same as those on the F4U-4B.

The thirty reconnaissance F4U-5Ps built were designed to use either the classic K-17

Corsair F4U-4 nr 52 (BuNo ?) z dywizjonu VBF-89 grupy lotniczej lotniskowca USS „Antietam" (CV-36) w bazie Kahului na Hawajach w lecie 1945 roku.

Corsair F4U-4 side number 52 (BuNo ?) of VBF-89, USS ANTIETAM (CV-36) Air Group, at Kahului airbase, Hawaii, summer 1945.

From Dash-One-D to Dash-Seven

F4U-4 (BuNo 97411). Pod dolną tylną częścią kadłuba widać antenę radiowysokościomierza (w kształcie odwróconej litery T), a na kadłubie antenę urządzenia IFF – obie typowe dla późnych F4U-4.

F4U-4 (BuNo 97411). Of note is the T-shaped antenna of the radio altimeter, located under aft fuselage, as well as the IFF transponder seen on the aircraft's spine, both utilities typical of late production F4U-4s.

R-2800-32W „E". Silnik uzupełniała dwustopniowa, zmiennoprędkościowa turbosprężarka. Aby zespół ten pomieścić, konieczne było wydłużenie przedniej części kadłuba o 25 cm (10 cali) i przemieszczenie górnych rur wydechowych jeszcze wyżej. Zapotrzebowanie na zwiększony dopływ powietrza wymagało też kolejnego przeprojektowania osłony silnika. Zamiast dolnego jak w F4U-4, w F4U-5 zdwojone wloty rozmieszczono nieco wyżej, co powiększyło całkowitą średnicę osłony silnika o 10 cm (4 cale).

Dla poprawienia stabilności podłużnej i widoczności do przodu, oś silnika nachylono pod kątem 2,75 stopnia w dół od osi płatowca. Cała

camera (lenses with focal lengths of 300 and 600 mm), or the S-7S continuous strip camera. Camera doors – unlike in the F4U-4P – were located on both sides of the fuselage as well as at the bottom. The camera could be transited to any of its positions by remote control. The F4U-5P was identifiable because of the remote indicating compass transmitter fairing visible on either side of the fin. Armament remained the same as in the fighter version. Nonetheless, pilots on reconnaissance missions were given clear orders to avoid combat except in self defense.

The most numerous of the F4U-5 (315 built) was the night fighter version. Two sub-types

F4U-4 (BuNo 82177) w jednej z baz lotnictwa US Navy. Na dolnej powierzchni składanej części skrzydła doskonale widać zaczepy na cztery pociski rakietowe (tzw. zero-length rocket launchers).

F4U-4 (BuNo 82177) at one of U.S. Navy bases. Four zero length rocket launchers on the folded part of the wing are clearly visible.

dolna część styku osłony silnika z kadłubem zajmowały operujące automatycznie klapki chłodzenia (nowego typu).

F4U-5 wyposażony był też w ręczną i automatyczną regulację stopnia otwarcia chłodnic (oleju i międzystopniowej).

Aż trudno uwierzyć, że dopiero F4U-5 był pierwszym Corsairem o całkowicie metalowym poszyciu zewnętrznych elementów skrzydeł. Niebieskie światła pozycyjne z góry końcówek obu płatów przeniesiono na dół. Trzy światła identyfikacyjne pod końcówką prawego skrzydła zlikwidowano całkowicie. Stateczniki poziome F4U-5 wykonane ze stopu o nazwie Metalite, były odtąd elementami bezobsługowymi, pozbawionymi otwieranych paneli. Klapki wyważające na sterach głębokości uległy powiększeniu i zaopatrzeniu w zasilanie elektryczne.

Pilot dostawał się do obszernej kabiny F4U-5 po składanym stopniu, wysuwanym spod prawej części kadłuba. Wiatrochron ponownie przyjął formę podwyższoną i mocno zaokrągloną. W swojej dolnej i tylnej części uległ poszerzeniu dla lepszego dopasowania do powiększonego kadłuba. Podobny powrót do pierwowzoru dotyczył wyposażenia kabiny. Zlikwidowano centralną konsolę zapełniającą w F4U-4 przestrzeń między spodem tablicy przyrządów a podłogą. Na liście wyposażenia znalazła się natomiast efektywniejsza instalacja ogrzewająca i odmrażająca wiatrochron.

Nowy pylon na osi podłużnej F4U-5 zdolny był do przenoszenia 900-kilogramowych (2000-funtowych) ładunków. Pozostałe pylony podskrzydłowe i uzbrojenie strzeleckie nie uległy w stosunku do F4U-4B żadnym zmianom.

Wyprodukowany w trzydziestu egzemplarzach rozpoznawczy F4U-5P przystosowany był

were produced: the F4U-5N (214 built) and the F4U-5NL (101 built). This second, known as a "child of the Korean conflict," differed from its predecessor only in that it was better adapted for use in low temperatures. This was achieved through the use of the following innovations: deicers on the leading edges of wings and stabilizers, more effective defrosting installations for the cockpit and propeller and independent heating for the pilot's G-Suit.

Night fighter apparatus in both variants consisted of: AN/APS-19/19A Radar (located in fairing on leading edge of starboard wing), AN/ARC-28 VHF transceiver, AN/APX-2 IFF "friend or foe" unit, P-1 Automatic pilot, AN/APN-1 Radio altimeter, Windshield degreaser, Mk.20 reflector gunsight.

T-20 flash suppressors were installed on the 20 mm cannon barrels to prevent blinding the pilot while firing under night conditions. For similar reasons flame dampers were attached to the upper exhaust pipes.

The layout of the instrument panel was changed so that the radar screen could be situated centrally on it.

AU-1 – A Corsair version designed from the beginning for the ground attack role. Before gaining the AU-1 designation it was called the XF4U-6. The prototype was made from the rebuilt fuselage of a F4U-5N (BuNo 124665). It was test flown on January 31, 1952 as the XAU-1. The short production run of 111 AU-1s were delivered to the USMC by the end of October, 1952.

The AU-1 differed little from the F4U-5. The two-stage turbo-compressor was removed from the ground attack version. Instead, a single

F4U-4 nr 214 (BuNo 81975) z dywizjonu VF-783. Litera D na usterzeniu była oznaczeniem grupy lotniczej CVG-102 (w 1953 roku przemianowanej na CVG-12 – w tym samym czasie dywizjon VF-783 zmienił numer na VF-122).

F4U-4 side number 214 (BuNo 81975) assigned to VF-783. Letter 'D' seen on the tail was assigned to Air Group CVG-102 (in 1953 re-commissioned as CVG-12; at the same time VF-783 changed its designation to VF-122).

do korzystania zarówno z klasycznych kamer fotograficznych typu K-17 (obiektywy o ogniskowych 300 i 600 mm), jak i kamer do fotografowania na błonie ciągłej typu S-7S. Okna kamer – inaczej niż w F4U-4P – znajdowały się w F4U-5P po obu stronach dolnej części kadłuba, jak również pod nim. Kamera montowana na uchwycie ruchomym mogła być w locie zdalnie przemieszczana od jednego do drugiego okna. F4U-5P rozpoznawalny był poza tym za sprawą okapotowania nadajnika radiokompasu widocznego po obu stronach statecznika pionowego. Uzbrojenie pozostawało niezmienione – jak w wersji myśliwskiej – mimo to piloci odbywający misje rozpoznawcze mieli wyraźny rozkaz unikania walki z wyjątkiem występowania w obronie własnej.

Najliczniej produkowanym F4U-5 (315 egzemplarzy) była wersja myśliwca nocnego. Weszła ona do użytku w dwóch wariantach: F4U-5N (214 egzemplarzy) oraz F4U-5NL (101 egzemplarzy). Ten ostatni jako „dziecko konfliktu koreańskiego" odróżniał się od poprzednika tylko lepszym przystosowaniem do operowania w niskich temperaturach. Dostosowanie to osiągnięto, wprowadzając następujące innowacje: odladzacze krawędzi natarcia skrzydeł i stateczników, wydajniejsze instalacje odmrażania kabiny i śmigła oraz niezależne ogrzewanie kombinezonu przeciwprzyspieszeniowego (G-Suit) pilota.

Na aparaturę nocnego myśliwca w obu wariantach składały się: radar typu AN/APS-19/19A (w okapotowaniu na krawędzi natarcia prawego

stage manually controlled compressor was used with the Pratt&Whitney R-2800-83WA. Because of this, both air inlets in the cowl were removed, although their mounts remained visible.

In place of the eight widely spaced pylons of the preceding versions, the AU-1 received ten pylons centrally mounted and equally spaced. These pylons could carry bombs weighing 250 pounds. The mounting of 500 lb. bombs was possible only on every other pylon (central and two outside).

The AU-1 was the first Corsair in which the four cannon (M-3 as in preceding model) could be used selectively – in pairs or all together. Because of its planned role, the AU-1 received additional armor, covering the engine, centerplane, cockpit and fuel tanks. To reduce vulner-

F4U-4 nr 213 (BuNo 81xxx) z dywizjonu VF-783. W 1953 roku dywizjon zmienił nazwę na VF-122.

F4U-4 side number 213 (BuNo 81xxx) assigned to VF-783. In 1953 the squadron was re-designated as VF-122.

Formacja Corsairów F4U-4 z dywizjonu VF-783. Na pierwszym planie maszyna nr 204 (BuNo 81624).

Formation of F4U-4s assigned to VF-783. In the foreground the machine of side number 204 (BuNo 81624).

Od F4U-1D do F4U-7

płata), stacja nadawczo-odbiorcza VHF typu AN/ARC-28, stacja identyfikacji swój-obcy typu AN/APX-2, autopilot typu P-1, radiowysokościomierz typu AN/APN-1, odtłuszczacz wiatrochronu oraz celownik refleksyjny Mk 20.

Dla zapobieżenia oślepieniu pilota podczas prowadzenia ognia z broni pokładowej w warunkach nocnych wyloty wszystkich czterech 20-mm działek osłonięte były tłumikami przeciwodblaskowymi typu T-20. W podobnym celu w tłumiki płomieni zaopatrzone były wyloty górnych rur wydechowych. Układ przyrządów pokładowych zmieniony został tak, aby ekran radaru mógł mieścić się centralnie na głównej tablicy przyrządów.

AU-1 – Wersja Corsaira od początku projektowana jako samolot szturmowy, zanim uzyskała nazwę AU-1, zwana była XF4U-6. Prototyp był przebudowanym płatowcem F4U-5N BuNo 124665. Już jako XAU-1 jego oblotu dokonano dnia 31 stycznia 1952 roku. Krótkoseryjna produkcja 111 AU-1 przekazana została odbiorcom z USMC do końca października 1952 roku.

Niewiele jest cech różniących F4U-5 od AU-1. W roli szturmowej pozbawiono go nieprzydatnej na małych wysokościach dwustopniowej turbosprężarki. Wraz z silnikiem typu Pratt&Whitney R-2800-83WA zastąpiono ją sprężarką jednostopniową o wyłącznie ręcznym ste-

ability from ground fire, the oil coolers were installed so that they didn't face forward.

The AU-1 served in US Navy reserve units and the USMC till the end of 1957.

F4U-7 A result of French orders, the F4U-7 was the last production version of the Corsair. From the prototype's maiden flight on July 2, 1952 to the last delivery of the 94-plane contract to Aeronavale (French naval aeronautics), just seven months elapsed. The carrier based fighters with American serial numbers BuNo133652 – BuNo133731 and BuNo133819 – BuNo133832, served in 12, 14, 15 and 17 Flotilles Aeronavale until 1964. The ninety-four F4U-7s in French service were joined by twenty-five AU-1s. They were handed over by the USMC in 1954 to an Aeronavale unit which had no equipment for short-term use in Vietnam.

In specifications, the F4U-7 was a copy of the F4U-4. Though it inherited certain traits from the AU-1 (enlarged cockpit and windscreen, 10 underwing pylons), it did not possess the characteristic lengthened fuselage, nor its engine, which in the case of the F4U-7 was a Pratt&Whitney R-2800-43W. The use of this engine meant, as with the F4U-4, that an undercowl air scoop had to be used.

As with all three final Corsair versions, the F4U-7 also had armament made up of four 20

F4U-4 nr 211 (BuNo 81972) z dywizjonu VF-791 na pokładzie lotniskowca USS „Boxer" (CV-21) w 1951 roku. Litera A na usterzeniu była oznaczeniem grupy lotniczej CVG-101. W 1953 roku grupę przemianowano na CVG-14, a dywizjon VF-791 na VF-142.

F4U-4 side number 211 (BuNo 81972) of VF-791 aboard USS BOXER (CV-21) in 1951. Letter 'A' on the tail identified the Air Group CVG-101. In 1953 the group re-designated as CVG-14, and the squadron re-commissioned as VF-142.

rowaniu. Pociągnęło to za sobą likwidację obu wlotów powietrza w przedniej części osłony silnika, choć wyprofilowanie na niej pozostało nadal widoczne.

W miejsce ośmiu szerzej rozstawionych pylonów wersji poprzednich pod skrzydłami AU-1 pojawiło się dziesięć pylonów skupionych centralnie i montowanych w równych odstępach. Pylony te mogły dźwigać bomby o wagoniarze 250 funtów. Przenoszenie 500-funtówek możliwe było natomiast tylko na co drugim pylonie (środkowym i dwóch skrajnych).

Po raz pierwszy w AU-1 uzbrojenie strzeleckie (cztery działka M-3 jak w modelu poprzednim) mogło być używane selektywnie, parami bądź w całości. Z racji swego przeznaczenia AU-1 otrzymał dodatkowe opancerzenie, które pokrywało rejon silnika, centropłata, kabiny i zbiorników paliwa. Dla zmniejszenia podatności na uszkodzenia ogniem z ziemi chłodnice oleju zamontowano tak, by nie były zwrócone do przodu.

AU-1 służyły w zapasowych jednostkach US Navy i USMC do końca 1957 roku.

F4U-7 – Powstały na francuskie zamówienie F4U-7 był ostatnią produkcyjną odmianą Corsaira. Od oblotu prototypu w dniu 2 lipca 1952 roku do zakończenia dostawy 94-samolotowej partii kontrahentom z Aeronavale (nazwa francuskiego lotnictwa morskiego) upłynęło zaledwie siedem miesięcy. Myśliwce pokładowe o amerykańskich numerach serii od BuNo 133652 do BuNo 133731 oraz od BuNo 133819 do BuNo 133832 służyły w składzie: 12., 14., 15. i 17. Dywizjonu (Flotilles) Aeronavale do roku 1964. Do dziewięćdziesięciu czterech F4U-7 we francuskiej służbie dołączyło dwadzieścia pięć AU-1.

mm M-3 cannon and three pylons under the centerplane. The only difference from the AU-1 was a modification of the outer wing pylons which made it possible to launch unguided air-to-ground SS-11 rockets.

Late Campaigns

In the history of American naval aviation, 1945 can without great exaggeration be called "The Year of the Corsair." In spite of its late approval for use on US Navy aircraft carriers and a not very successful debut in the deserted skies of Indo-China at the beginning January, 1945, the Corsair was ready for action when the battle of Iwo Jima started.

Rough seas and groups of low lying clouds tried to block the way of TF58 to the Japanese coast. Seventy Corsair pilots from VMF-112 and VMF-123 based on the aircraft carrier USS "Bennington" were typical of the participants on this historic mission. There were only several veterans among a mass of recruits. Nonetheless, morale was high. The target (Tokyo) bound them "to keep a stiff upper lip."

That the commander of the fleet Admiral Spruance was self-confident is proved by the fact that he brought his ships to within 60 miles of Hondo. From here, just before dawn on February 16, nine Corsair squadrons along with the rest of the carrier based planes of the USMC and USN were launched. Midway to their target the fighters of VMF-112 stumbled across an unexpected trophy. A lonely G4M Betty was shot down by the combined efforts of Major David Andre and his wing man. During the rest of the fighter-bombers' mission they were only divert-

Formacja Corsairów F4U-4 z dywizjonu VF-75. Samolot z dużym napisem CAG (Commander Air Group) na usterzeniu należał do dowódcy grupy powietrznej CVBG-75 lotniskowca USS „Midway" (CVB-41).

Formation of F4U-4s assigned to VF-75. The machine marked with large CAG (Commander Air Group) letters on the tail was flown by CO of the Air Group CVBG-75 stationed aboard USS MIDWAY (CVB-41).

Późne kampanie

Corsair F4U-4 nr 51 (BuNo ?) startuje z pokładu lotniskowca USS „Siboney" (CVE-112).

Corsair F4U-4 side number 51 (BuNo ?) getting aloft off the USS Siboney's deck (CVE-112).

Zostały one przekazane przez USMC w roku 1954 jednostce francuskiego lotnictwa morskiego (pozbawionej sprzętu) dla krótkoterminowego użytkowania w Wietnamie.

W zakresie wymiarów F4U-7 był kopią F4U-4. Choć odziedziczył pewne cechy AU-1 (powiększoną kabinę i wiatrochron oraz dziesięć pylonów podskrzydłowych) nie posiadał charakterystycznego dla tej odmiany przedłużonego kadłuba ani silnika, który w przypadku F4U-7 należał do typu Pratt&Whitney R-2800-43W. Zastosowanie go przesądziło o przywróceniu – jak w F4U-4 – chwytu powietrza pod przednią częścią osłony silnika.

Tak jak wszystkie trzy końcowe wersje Corsaira, również F4U-7 zachował uzbrojenie strzeleckie złożone z czterech 20-milimetrowych działek M-3 oraz trzy pylony pod centropłatem. Jedyna w stosunku do AU-1 modyfikacja pylonów pod zewnętrznymi końcówkami skrzydeł umożliwiała odpalanie z nich niekierowanych pocisków rakietowych powietrze-ziemia typu SS-11.

Późne kampanie

Rok 1945 w działaniach amerykańskiego lotnictwa pokładowego można bez wielkiej przesady nazwać rokiem Corsaira. Pomimo spóźnionego wejścia na lotniskowce US Navy oraz niezbyt udanego debiutu pod opustoszałym niebem Indochin na początku stycznia 1945 roku, wraz z rozpoczęciem bitwy o Iwo Jimę, Corsair gotów był do akcji.

ed once more by a dogfight, this time against a Ki-44 Tojo fighter.

Finding the airfields at Hokoda and Konoike in cloudy weather was difficult, but not impossible. VMF-112 first launched missiles then strafed both targets. VMF-113 brought a true cataclysm to the Katori and O-Shima airfields. Major Herman Hansen's men took the Japanese by surprise and destroyed at least twenty machines on the ground. They shot down a stray Ki-45 Nick from 5 Sentai in the air in exchange for one F4U-1D shot down by AA. The pilot was able to make an emergency landing in the bay and was picked up by a US Navy destroyer.

The Corsairs of VMF-123 whose job it was to clear the skies over the industrial region to the west and south of the capital had a more difficult task. While fighting against determined enemy AA crews and fighters, they lost three F4Us to shoot down one A6M Zero. Two of the pilots were saved.

Over Vayzu and Tenryu, a neighboring pair of suburban Tokyo airfields, VMF-213 from the aircraft carrier USS "Essex" was finally able to strike at a formation of Zeros escorting D3A Val dive bombers after several fruitless patrols. To their previous seventeen ground kills, the Corsairs from the "Hellhawks" added three A6Ms and one D3A. Among them, victories 18 and 19 were won by Captain Thomas.

The 84 Air Group (with VF-84, VMF-221 and VMF-451) from the aircraft carrier USS "Bunker Hill" concentrated its efforts during that time

Late Campaigns

Wzburzone morze i zwały nisko leżących chmur blokowały, jak mogły drogę TF58 ku brzegom Japonii. Piloci siedemdziesięciu Corsairów z dywizjonów VMF-112 i VMF-123 na lotniskowcu USS „Bennington" byli typowymi uczestnikami tej historycznej misji. Zaledwie kilku weteranów uzupełniało masę nowicjuszy. Morale mimo to było wysokie. Cel – Tokio – zobowiązywał, aby trzymać fason. O pewności siebie dowodzącego flotą admirała Spruance'a świadczy zbliżenie się jej do Honsiu na dystans zaledwie 60 mil. Stąd, tuż przed świtem 16 lutego 1945 roku, nastąpił start dziewięciu dywizjonów Corsairów wraz z resztą pokładowego lotnictwa USMC i USN. W połowie drogi do celu myśliwce VMF-112 natknęły się na niespodziewaną zdobycz. Samotną G4M Betty zestrzelili wspólnymi siłami major David Andre i jego skrzydłowy. Wykonywanie pozostałych zadań myśliwsko-bombowych zakłócone było jeszcze tylko jedną walką powietrzną. W jej wyniku pokonano myśliwiec typu Ki-44 Tojo. Odnalezienie lotnisk Hokoda i Konoike było przy chmurnej pogodzie dość trudne, ale nie niemożliwe. Oba odszukane cele zostały dokładnie ostrzelane rakietami, a następnie bronią pokładową przez pierwszą eskadrę VMF-112. Prawdziwy kataklizm na lotniskach Katori i O-Shima wywołał nalot drugiej eskadry. Ludzie majora Hermana Hansena zaskoczyli i zniszczyli na ziemi co najmniej dwadzieścia japońskich maszyn. W powietrzu ich łupem padł zabłąkany Ki-45 Nick z 5. Sentai. Wymieniony na jednego F4U-1D zestrzelonego przez opl. Pilot wodującego na zatoce samolotu podjęty został przez niszczyciel US Navy.

Corsairom VMF-123 wymiatającym nad przemysłowym regionem na zachód i południe od stolicy, przypadło trudniejsze zadanie. W zmaganiach ze zdeterminowanymi przeciwlotnikami i myśliwcami nieprzyjaciela w zamian za zestrzelenie jednego A6M Zero utracono trzy F4U. Dwóch pilotów udało się uratować.

on attacks against coastal shipping. The raiding Corsair pilots reported inflicting heavy damage to three cargo vessels and eight aerial victories. Most of the planes shot down were reconnaissance types while one FG-1D from VMF-451 along with its pilot was lost by the Americans.

Operating from the "Wasp," AG 81 totally destroyed the bases at Hamamatsu, Tateyama and Yokosuka but not without sporadic encounters with Japanese fighters. One of them set the Corsair of VMF-217»s commander, Major Amende on fire in a surprise attack. The Japanese pilot himself was shot down soon afterwards by Captain Salisbury. By the end of the mission Japanese AA crews had shot down three F4Us. In operations over Japan's capital region on February 16, the Americans shot down seventeen enemy planes and lost ten Corsairs – eight of them along with the pilots.

The next day most of the missions had to be cancelled for bad weather. In spite of this, the squadrons which succeeded in getting through the storm front gained another 14 victories over Tokyo. Feeling far from satisfied, the Corsair pilots of TF58 left the enemy capital promising to come back for better results. For now they would take part in the invasion of Iwo Jima. Starting on February 19 all available carrier based Corsairs would be used in the invasion.

642 points of enemy resistance were identified by photographic reconnaissance in the immediate beachhead area which demanded immediate destruction. They were attacked untiringly one after another, hour after hour, according to plan and irrespective of losses. Napalm bombs, rockets and Brownings were used until the ammunition ran out… At which time they headed east, returned to their ships to refuel and refill their lethal loads, and then started back to the battlefield. For the air groups on the "Essex," "Bennington" and "Bunker Hill,"

F4U-4 nr 19 (BuNo 9706x) z dywizjonu VMF-232 lotnictwa USMC. Widać opuszczony hak do lądowania. F4U-4 można łatwo odróżnić w widoku z boku od poprzedniej wersji F4U-1D po lekko wysuniętym „podbródku" (kryjącym wlot powietrza w dolnej części osłony silnika) i innym umiejscowieniu rur wydechowych.

F4U-4 side number 19 (BuNo 9706x) of VMF-232 (USMC). Note the extended arrestor hook. The F4U-4 can easily be distinguished from the proceeding F4U-1D by the former's prominent chin housing the air scoop and redesigned exhaust manifold.

F4U Corsair — 35

Późne kampanie

Nad Vayzu i Tenryu, sąsiednim zespołem podtokijskich lotnisk, VMF-213 z lotniskowca USS „Essex" po kilku bezowocnych patrolach natrafił na formację Zer eskortujących nurkowce typu D3A Val. Do unicestwionych na ziemi siedemnastu ofiar Corsairy spod znaku „Piekielnego Sokoła" („Hellhawks") dopisały trzy A6M i jednego D3A. Wśród nich zwycięstwo numer 18 i 19 przybyło w dorobku kapitana Thomasa.

84. Grupa Lotnicza (84. AG w składzie VF-84, VMF-221 i VMF-451) z lotniskowca USS „Bunker Hill" skupiała tymczasem wysiłki na atakowaniu przybrzeżnej żeglugi. Piloci bombardujących Corsairów meldowali o ciężkim uszkodzeniu trzech okrętów transportowych, a przy okazji o ośmiu zwycięstwach powietrznych. Odniesiono je głównie nad maszynami rozpoznawczymi w zamian za stratę jednego FG-1D z VMF-451 wraz z pilotem.

Operująca z „Waspa" AG 81 obróciła natomiast w perzynę bazy Hamamatsu, Tateyama i Yokosuka. I tutaj nie obyło się bez sporadycznych starć z japońskimi myśliwcami. Jeden z nich w zaskakującym ataku zapalił Corsaira dowódcy VMF-217, majora Amende. Jednak zaraz sam został zestrzelony przez kapitana Salisbury. Do końca akcji japońscy przeciwlotnicy ściągnęli na ziemię jeszcze trzy F4U. W operacjach nad stołecznym regionem Japonii zgłaszający siedemnaście zwycięstw Amerykanie utracili 16 lutego dziesięć Corsairów. Osiem z nich wraz z pilotami.

Nazajutrz przy ciągle pogarszającej się pogodzie większość zadań musiała zostać odwołana. Pomimo to dywizjony, którym udało się przedrzeć przez front burzowy, zgłosiły nad Tokio kolejnych czternaście zestrzeleń. Z uczuciami dalekimi do satysfakcji piloci Corsairów TF58 oddalali się znad wrogiej stolicy, obiecując sobie wrócić tu z lepszymi rezultatami. Na razie czekał ich udział w inwazji Iwo Jimy. Począwszy od 19 lutego, miała ona pochłonąć bez reszty siły pokładowych Corsairów.

the attacks went on for three full days until further missions were made impossible by the impenetrable curtain of a monsoon.

On February 25, the carriers of TF58 could again try their luck at approaching a cloud-covered Tokyo. Sweeps over Tokyo Gulf and the triangle of bases – Katori – Matsuyama – Kamagaya, brought seventeen victories, which cost four Corsairs. The short excursion of TF58 on March 1 over Riukiu proved to be a futile undertaking. The enemy had been warned and managed to abandon the airfields at Okinawa before Admiral Spruance's Corsairs and Hellcats arrived. The March return ordered by Spruance to the anchoring point at Ulithi was used for far reaching reorganization. New units were added to the aircraft carrier hangars. Among them were some newly formed fighter-bomber squadrons. VBF-86 on USS "Wasp" and VBF-83 on "Essex." The commander of this unit, like most of his men, was recruited from a dive-bomber crew.

Among numerous veteran units, VMF-214 among them, VF-10 deserves some attention. Assigned to the USS "Intrepid", it was the only squadron in the US Navy performing its third combat tour. First on F4Fs, then on F6Fs, and lastly on F4Us. The "Grim Reapers" began their third tour under the command of a VF-5 Guadalcanal veteran, Cmdr. Walter Clarke who would add another three victories to his existing four.

These new supplements meant that TF58 could deploy 13 Corsair squadrons to Okinawa Including six from the US Navy. This was an absolute record for carrier based F4Us.

A new round of fighting began on March 18, 1945. The sweeps being carried out by all available Corsairs over the forty-five airfields on Kyushu island effectively made it impossible for the defenders to counteract the invasion of Okinawa. The effects were similar to those of the preceding month's attacks. Mostly ground tar-

Corsair F4U-4 lub -4B nr 8 (BuNo ?) z dywizjonu VMF-323 „Death Rattlers" lotnictwa USMC na pokładzie lotniskowca USS „Sicily" (CVE-118).

Corsair F4U-4 (or -4B) side number 8 (BuNo ?) of VMF-323 Death Rattlers, USMC, aboard USS Sicily.

Zidentyfikowane przez rozpoznanie fotograficzne 642 punkty oporu nieprzyjaciela w bezpośredniej strefie desantu, wymagały pilnego zniszczenia. Atakowano je niezmordowanie jeden po drugim, godzina po godzinie. Zgodnie z planem i bez względu na straty. Eksplozje bomb napalmowych, salwy rakiet i Browningów aż do wyczerpania amunicji... Potem kurs na wschód. Powrót na macierzysty pokład dla uzupełnienia paliwa i śmiercionośnych ładunków, a następnie powrót nad pole bitwy. Dla grup lotniczych „Essexa", „Benningtona" i „Bunker Hilla" rutyna taka trwała przez trzy pełne doby, dopóki dalszych misji nie uniemożliwiła ostatecznie nieprzenikniona kurtyna monsunu. Lotniskowce TF58 mogły więc znów, 25 marca, próbować szczęścia na podejściach do również zasnutego chmurami Tokio. W polowaniu nad Zatoką Tokijską oraz trójkątem baz Katori – Matsuyama – Kamagaya siedemnaście zwycięstw okupiono czterema zestrzelonymi Corsairami. Odbyty następnie 1 marca krótki wypad TF58 nad archipelag Riukiu okazał się być przedsięwzięciem daremnym. Ostrzeżony przeciwnik zdołał opróżnić lotniska Okinawy zanim zjawiły się nad nimi Corsairy i Hellcaty admirała Spruance'a. Zarządzony przez niego marcowy powrót floty na kotwicowisko Ulithi wykorzystano dla daleko idącej reorganizacji. W hangarach lotniskowców zjawiły się nowe jednostki, a wśród nich nowo formowane dywizjony myśliwsko-bombowe – VBF-86 na USS „Wasp", a na „Essex'sie" VBF-83. Dowódca tej jednostki podobnie jak większość jego podwładnych rekrutował się z załóg bombowców nurkujących.

Wśród licznych jednostek-weteranów, jak choćby VMF-214, na wzmiankę zasługuje VF-10 zaokrętowany tym razem na USS „Intrepid", je-gets were destroyed, and searches for the enemy in the air were in vain. In the only battle that could be called a dogfight, over Tomikaka, the pilots of VBF-83 claimed eighteen certain and nine probable aerial victories, paying for them with three of their own machines.

Seven USMC squadrons patiently patrolling the sky over Kyushu reported just fourteen kills in the same twenty-four hour period with the loss of seven Corsairs to well-aimed AA fire. To some extent VMF-112 avenged them by shooting down nine A6Ms over Kanoya without losses. The obstinacy exhibited by the Corsairs also temporarily thwarted the plans of the kamikaze squadrons.

On the next day the battle began again with intensified stubbornness. In skirmishes with sparse groups of Japanese fighters, Corsairs from all groups achieved small victories. Their own losses at this time dwindled in comparison to the blows dealt to the aircraft carriers of TF58 by the Kamikaze. Corsair pilots returning from Kure, Inno Shima, the Riukiu Islands and other targets were horrified at the destruction. To the east of Okinawa there were three columns of smoke rising into the sky. The "Wasp," "Franklin" and "Enterprise" were burning. None of the giants would sink, but the war would have to go on without them as well as without their four homeless Corsair squadrons.

Tactical strikes aimed against Okinawa's waterside defenses began March 23. A week later USN and USMC fighters were operating over the beachheads. The Corsairs generously covered the foreground with HVAR rockets, napalm and classic bombs and gunfire. All of this was thrown with success at an enemy who had dug himself into the rocky ground. Only the debut

F4U-4 nr 13 (BuNo 96821) z dywizjonu VMF-323 „Death Rattlers" lotnictwa USMC płonie po nieudanym lądowaniu na lotniskowcu USS „Sicily" (CVE-118) w dniu 11 czerwca 1951 roku u wybrzeży Korei.

F4U-4 side number 13 (BuNo 96821) of VMF-323 Death Rattlers, USMC, bursts in flames during a failed landing aboard USS SICILY (CVE-118) on 11th June 1951 off the coast of Korea.

Późne kampanie

dyny w US Navy dywizjon odbywający już trzecią turę bojową. Pierwszą na F4F, drugą na F6F, a trzecią na F4U. Do tej ostatniej „Grim Reapers" przystępowali pod komendą weterana VF-5 z Guadalcanal komandora Waltera Clarke'a, który do dotychczasowych czterech zwycięstw dopisze w nowej kampanii jeszcze trzy.

Przyjęcie uzupełnień zapewniło TF58 wystawienie do bitwy o Okinawę aż trzynastu dywizjonów Corsairów. W tym sześć z US Navy. Będzie to dla pokładowych F4U absolutnym rekordem.

Nowa runda walk zapoczątkowana została 18 marca 1945 roku. Wymiatania prowadzone przez wszystkie dostępne Corsairy nad czterdziestoma pięcioma lotniskami wyspy Kiusiu skutecznie uniemożliwiły gospodarzom przeciwdziałanie inwazji Okinawy. Obraz zmagań przypominał ten sprzed miesiąca. Niszczono głównie cele naziemne, daremnie wypatrując wroga w powietrzu. W jedynej zasługującej na to miano bitwie powietrznej nad Tomikaka, piloci VBF-83 zgłosili osiemnaście pewnych i dziewięć prawdopodobnych zwycięstw powietrznych, płacąc za nie trzema własnymi maszynami.

Siedem dywizjonów USMC cierpliwie przemierzających niebo nad Kiusiu, meldowało w ciągu tej samej doby o zaledwie czternastu zestrzeleniach – za łączną stratę siedmiu Corsairów, jakie padły ofiarą celnej opl. W jakiejś mierze pomścił je dywizjon VMF-112, pokonując bez strat nad Kanoyą dziewięć A6M. Zawziętość Corsairów pokrzyżowała też chwilowo plany jednostek kamikadze.

Następnego dnia bitwa rozgorzała od nowa ze wzmożoną zaciętością. W potyczkach z luźnymi grupami japońskich myśliwców Corsairy wszystkich grup lotniczych odniosły nieliczne zwycięstwa. Straty własne tym razem nie miały znaczenia w konfrontacji z ciosami zadanymi

of the Tiny Tim rockets proved unsuccessful. Their exceptionally unstable flight path even threatened (in extreme cases) the planes which had launched them. After several unfortunate incidents the Tiny Tims were returned as fast as possible to the stockpiles and never brought back.

There were good things happening, as well. An unexpected attraction was a dogfight that VMF-451 from "Bunker Hill" took part in. On April 3, over Amami O Shima, they encountered a large formation of Zeros. Three of them were shot down by Lieutenant Bill Peck. Another eight were downed by the other Corsairs and Hellcats. Three days later the invasion fleet was attacked again by kamikaze. Of the 350 attackers, twenty-two reached the American ships. Three of the ships hit were sunk. US Navy Corsair Pilots from "Bunker Hill" along with carrier-based USMC Corsairs noted 29 victories. The situation seemed to be under control. However, April 7 brought news of an approaching and perhaps more dangerous enemy.

The battleship "Yamato", the largest battleship in the world, was on way to Okinawa. The giant's crew, as well as the crews of the light cruiser and eight destroyers accompanying them were ready to die for their emperor. The three hundred meter-long "armor-plated kamikaze" was first spotted and attacked by fighters from "Bennington." "Yamato" was hit for the first time by a bomb dropped from Captain Ken Huntington's F4U-1D. The explosion of a 1,000 lb. bomb left a considerable hole in tower "A" (forward main gun).

The next to attack were sixteen Corsairs and twenty-six bombers from "Intrepid." Among a dozen or so hits to different battleships in the Japanese formation, five were the work of

F4U-4 nr 25 (BuNo ?) z dywizjonu VMF-312 „Checkerboards" lotnictwa USMC chwilę po dotknięciu kołami pokładu lotniskowca. Oznaczeniem jednostki była charakterystyczna biało-granatowa szachownica wokół osłony silnika (białe kwadraty malowane na granatowym tle kamuflażu).

F4U-4 side number 25 (BuNo ?) assigned to VMF-312 'Checkerboards', USMC, just after touch down on a carrier deck. The squadron adopted unique markings of their machines in form of white checkers around engine cowlings, against the navy blue of the aircraft's basic camouflage.

Late Campaigns

lotniskowcom TF58 przez kamikadze. Piloci Corsairów, wracający znad Kure, Inno Shimy, archipelagu Riukiu i pozostałych celów, skonstatowali ze zgrozą dzieło zniszczenia. Na wschód od Okinawy rosły bowiem w niebo trzy słupy dymu. Płonął „Wasp", „Franklin" i „Enterprise". Żadnemu z olbrzymów nie dane było zatonąć, ale wojna musiała się toczyć dalej bez nich. Jak również bez czterech pozbawionych domu dywizjonów Corsairów.

Taktyczne misje wymierzone przeciw nadbrzeżnym fortyfikacjom Okinawy rozpoczęły się 23 marca. Tydzień później myśliwce USN i USMC operowały już nad plażami inwazyjnymi. Ich przedpola Corsairy pokrywały hojnie rakietami HVAR, bombami klasycznymi i napalmowymi oraz ostrzałem z broni pokładowej. Wszystko to rzucono z powodzeniem na wkopanego w skalisty grunt przeciwnika. Nieudany okazał się tylko debiut rakiet typu Tiny Tim. Wyjątkowo niestabilny tor ich lotu groził w skrajnych przypadkach samozestrzeleniem samolotu-nosiciela. Po paru niepowodzeniach Tiny Timy wycofano czym prędzej do magazynów, z których już nie powróciły. Zdarzały się jednak i dobre wieści. Nieoczekiwana atrakcja w postaci prawdziwej walki myśliwskiej trafiła się maszynom VMF-451 z „Bunker Hilla". Nad Amami O-Shima natrafiły one 3 kwietnia na sporą formację Zer. Trzy z nich zestrzelił porucznik Bill Peck. Dalsze osiem padło łupem towarzyszących Corsairom Hellcatów. Trzy dni później flotę inwazyjną dopadły ponownie kamikadze. Spośród 350 Japończyków próbujących się przedrzeć, amerykańskie okręty osiągnęło dwudziestu dwóch. Z trafionych jednostek zatonęły trzy. Piloci Corsairów US Navy z „Bunker Hilla" wspólnie z pokładowymi Corsairami USMC zgłosili dwadzieścia dziewięć zwycięstw. Sytuacja wyglądała na opanowaną. Jednak dzień 7 kwietnia przyniósł wieść

bombs dropped by VF-10. The sinking of the "Yamato" and five of her escort ships cost the Americans six planes. Four other Corsairs were lost to the boundless ocean when their fuel ran out.

While the hulls of the "Yamato," "Yahagi" and four other destroyers sank in the depths, the new landlords of Okinawa were settling in on their newly acquired fragment. Yontan airfield became the new home of VMF-311 on April 7. Two days later, (April 9) Capt. Shuman's squadron of F4U-1Cs greeted its new neighbors as they landed in Kadena. They were Major Axtell and his pilots from VMF-323. This squadron, know as the "Death Rattlers" was the last squadron formed by the USMC during WWII.

Both of them aces (with six victories each), the commanders counted on finding men who would follow in their tracks among the inexperienced recruits, and they did. Dividing their time between attack missions and intercepting kamikazes, the newly arrived recruits managed to rack up 71 victories for VMF-311 and 125 for VMF-323 within a two month campaign.

The "Death Rattlers" acquired their first kill as soon as April 12. The next followed four days later while chasing after lone intruders. 1st Lt. Feliton's flight was scrambled early in the morning. Four F4U-1Ds bounced over the uneven airfield at Kadena and rose into the air directly from the parking apron. The last of them to take off from the bomb-pocked runway was 2nd Lt. Durnford's Corsair. Once they were airborne they finally received orders and a flight plan. Ground control steered them on a north-west course. Their job was to provide cover to American destroyers that were under attack from Japanese bombers.

In a cloudless sky at 3,000 meters above sea level they had no problem finding the at-

Inny F4U-4 z dywizjonu VMF-312 „Checkerboards" po udanym lądowaniu na pokładzie lotniskowca.

Another F4U-4 of VMF-312 'Checkerboards' safely comes aboard.

F4U Corsair _____ 39

Późne kampanie

Corsair F4U-4 lub -4B nr 14 (BuNo ?) z dywizjonu VMF-312 (potem VMA-312) „Checkerboards" lotnictwa USMC podczas lądowania na lotniskowcu USS „Bataan" (CVL-29) u wybrzeży Korei w 1952 roku. Na samolocie latał Capt. John P. Thomas.

Corsair F4U-4 (or -4B) side number 14 (BuNo ?) of VMF-312 (later VMA-312) 'Checkerboards' (USMC) about to touch down on the flight deck of USS BATAAN (CVL-29) off Korea in 1952. This machine was assigned to Capt. John P. Thomas.

o nadciąganiu nowego, może bardziej przerażającego wroga.

Superpancernik „Yamato", największy wojenny okręt świata, znajdował się w drodze ku Okinawie. Załogi giganta, jak również towarzyszącego mu lekkiego krążownika i ośmiu niszczycieli, gotowe były na śmierć za cesarza. Trzystumetrowego „pancernego kamikadze" odnalazły i zaatakowały najpierw myśliwce „Benningtona". „Yamato" ugodzony został po raz pierwszy bombą zrzuconą z F4U-1D kapitana Kena Huntingtona. Eksplozja 1000-funtówki pozostawiła w sklepieniu wieży „A" (przednia wieża artylerii głównej) pokaźną wyrwę.

Następne w kolejności do ataku było szesnaście Corsairów i dwadzieścia sześć bombowców z „Intrepida". Wśród kilkunastu trafień na różnych okrętach japońskiej formacji aż pięć było dziełem bomb dywizjonu VF-10. Unicestwienie „Yamato" i pięciu okrętów jego eskorty kosztowało stratę sześciu samolotów pokładowych. Cztery dalsze Corsairy przepadły nad bezmiarem oceanu z powodu wyczerpania paliwa.

W czasie gdy kadłuby „Yamato", „Yahagi" i czterech niszczycieli ginęły na zawsze w głębinach, na świeżo zdobytym skrawku Okinawy trwało rozlokowywanie nowych gospodarzy. Lotnisko Yontan stało się bowiem od 7 kwietnia domem dywizjonu VMF-311. Dwa dni później (9 kwietnia) sąsiadami zbrojnej w F4U-1C jednostki kapitana Shumana, zostali lądujący w Kadena piloci majora Axtella i jego VMF-323. Jednostka ta zwana „Death Rattlers" („Grzechotniki Śmierci") była ostatnim dywizjonem sformowanym w tej wojnie przez USMC.

Będący asami (po sześć zwycięstw) obaj dowódcy słusznie liczyli, że mimo wszystko znajdą wśród niedoświadczonych podwładnych wielu naśladowców. I rzeczywiście. Dzieląc swój czas między misje szturmowe i przechwytywanie kamikadze, nowo przybyli zdołali w ciągu

tackers. Among the profiles of their own battleships moving along the horizon they could see bursting fountains of fire from the explosions. There were also the the signs of a hit, a geyser of smoke and fire. It was in this direction that Dewey Durnford directed his Corsair. Squeezing out every ounce of power from his engine, the pilot noticed a twin-engined plane in the distance preparing for attack. The Ki-48 Lily executed a turn and bore down on the motionless destroyer which was burning amidships. The next hit would certainly sink her. The only hope was in a mad dive to cut off the Japanese. Approaching from behind on his port side, Durnford unlocked his guns. He made a correction, reduced throttle and from a distance of 100 meters launched the first salvo, followed by two more. Unfortunately, at that point the Corsair found itself chasing the Lily right into the crossfire of the Japanese bomber's gunners and anti-aircraft batteries of the US Navy.

Fortunately, this didn't last for long. The Ki-48 broke up as the Corsair fired on it. It fell into the ocean, exploding together with it's bombs as it landed several hundred meters from the stern of its intended victim. At the same moment, the American aimed his own fighter vertically upward to tear himself free from the friendly fire. After climbing back to 4,000 meters, Durnford found that he was alone with Feliton. The other two Corsairs had returned home on account of damage.

The Corsairs didn't have to wait long for action. They were given new instructions by the radar controller to go after a lone kamikaze who was approaching Kerama Retto. After a 20 minute chase at full throttle, Their flight path intersected with that of their opponent to the west of Yontan. This time Feliton led the attack against the enemy, identified as a Ki-49 Helen. Unfortunately, his attack was unsuccessful. He

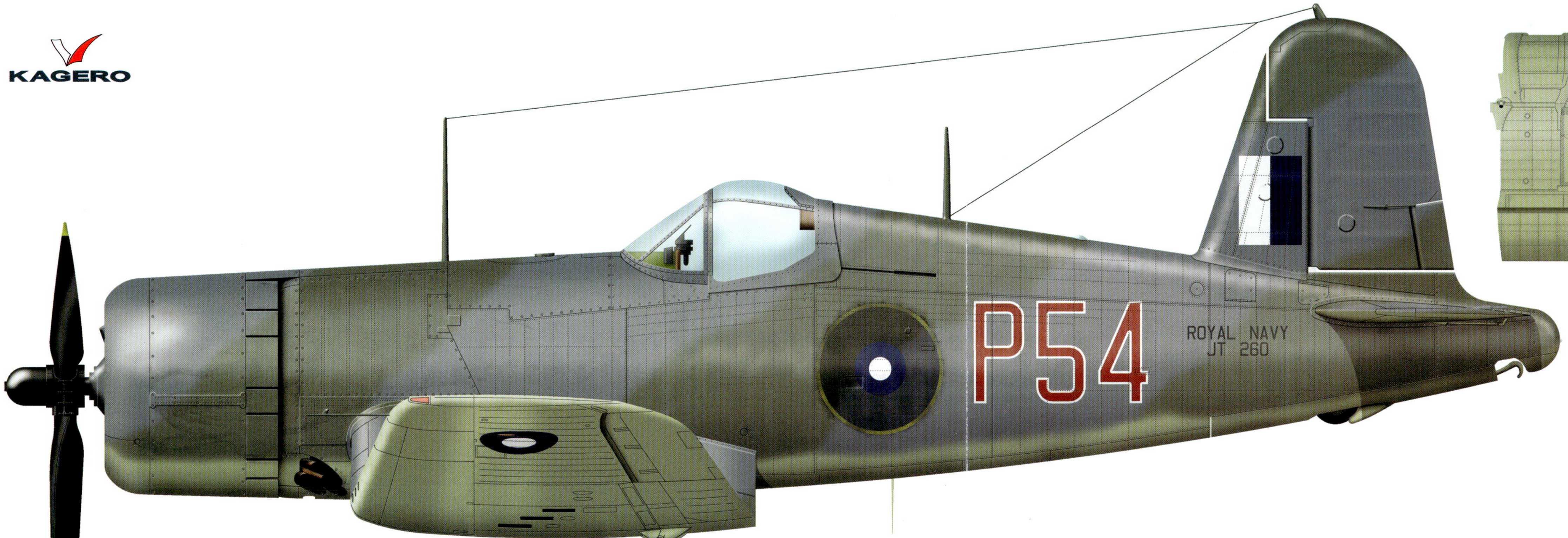

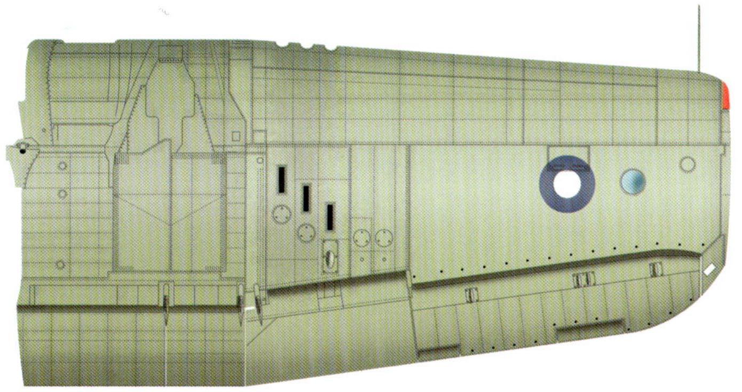

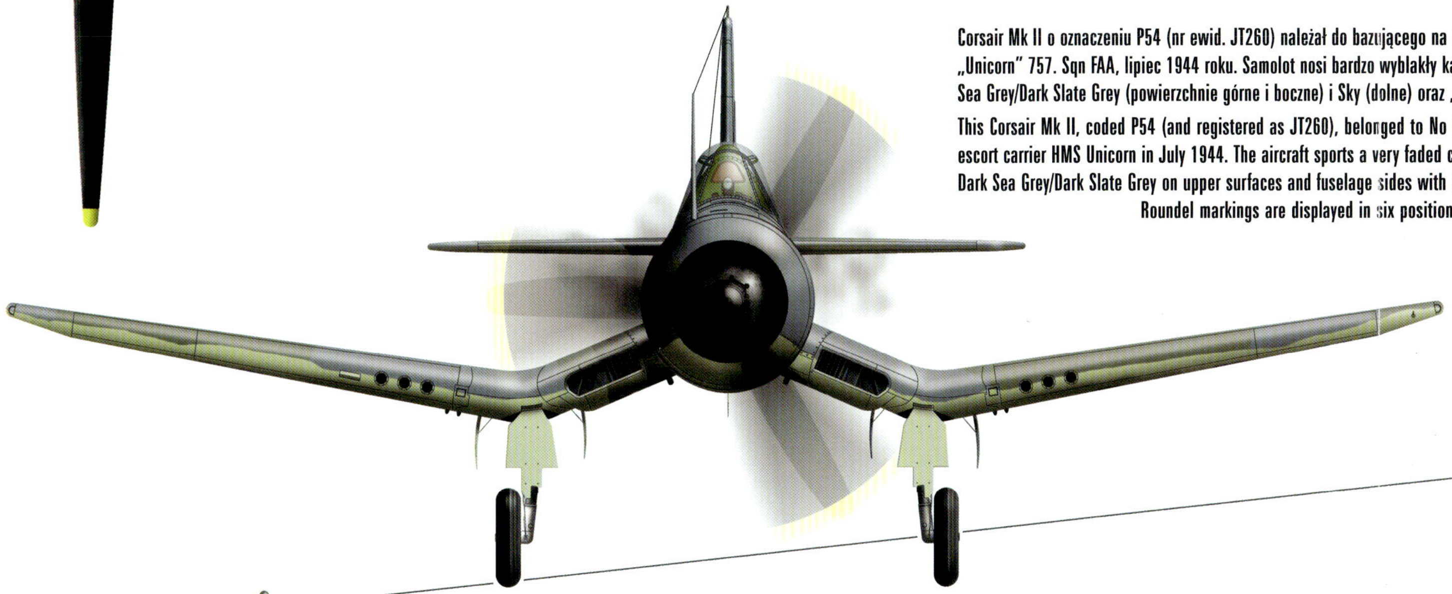

Corsair Mk II o oznaczeniu P54 (nr ewid. JT260) należał do bazującego na lotniskowcu eskortowym HMS „Unicorn" 757. Sqn FAA, lipiec 1944 roku. Samolot nosi bardzo wyblakły kamuflaż w barwach Extra Dark Sea Grey/Dark Slate Grey (powierzchnie górne i boczne) i Sky (dolne) oraz „rondle" w sześciu pozycjach.

This Corsair Mk II, coded P54 (and registered as JT260), belonged to No 757 Sqn FAA stationed at the escort carrier HMS Unicorn in July 1944. The aircraft sports a very faded camouflage composed of Extra Dark Sea Grey/Dark Slate Grey on upper surfaces and fuselage sides with Sky colour on the undersides. Roundel markings are displayed in six positions.

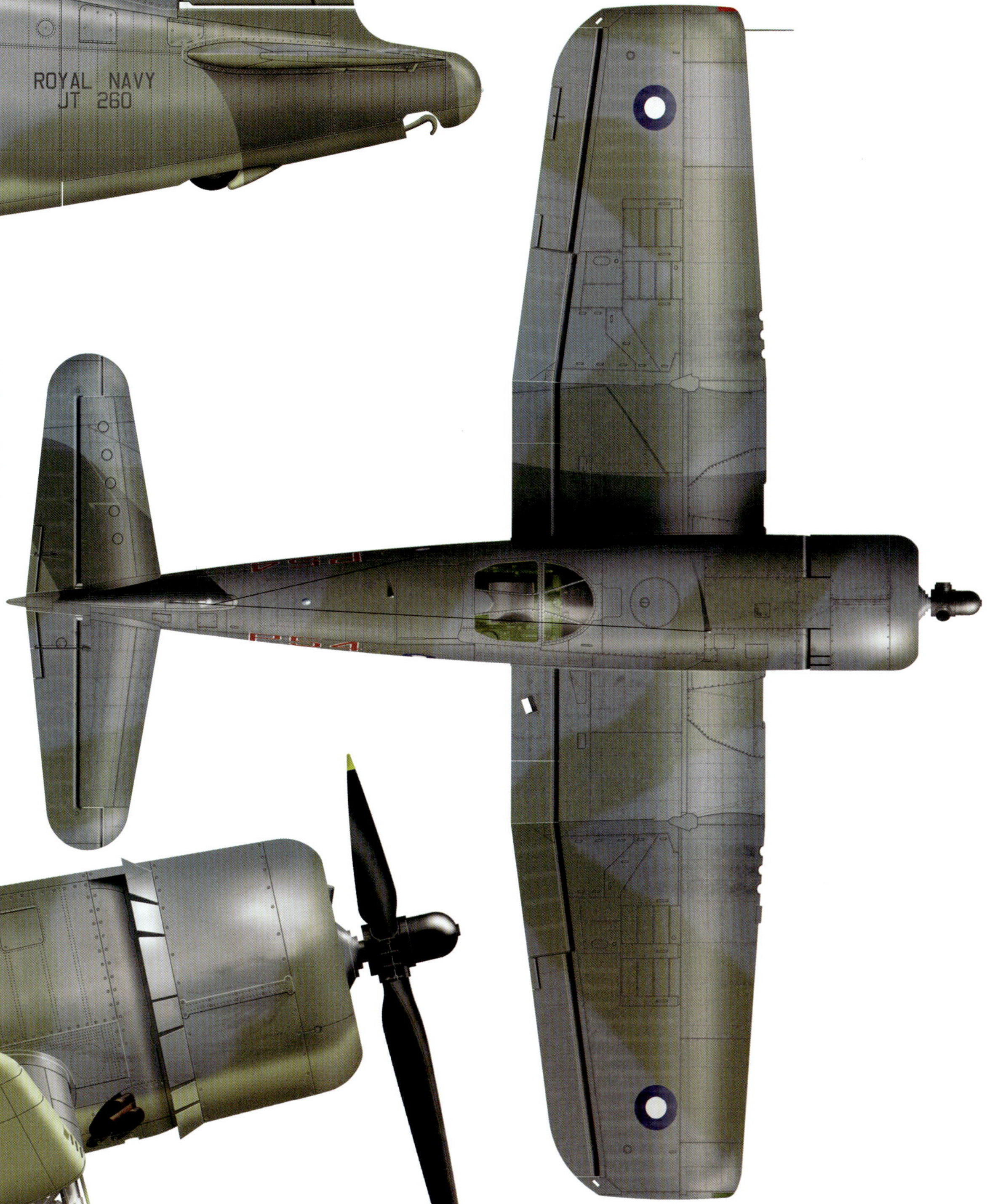

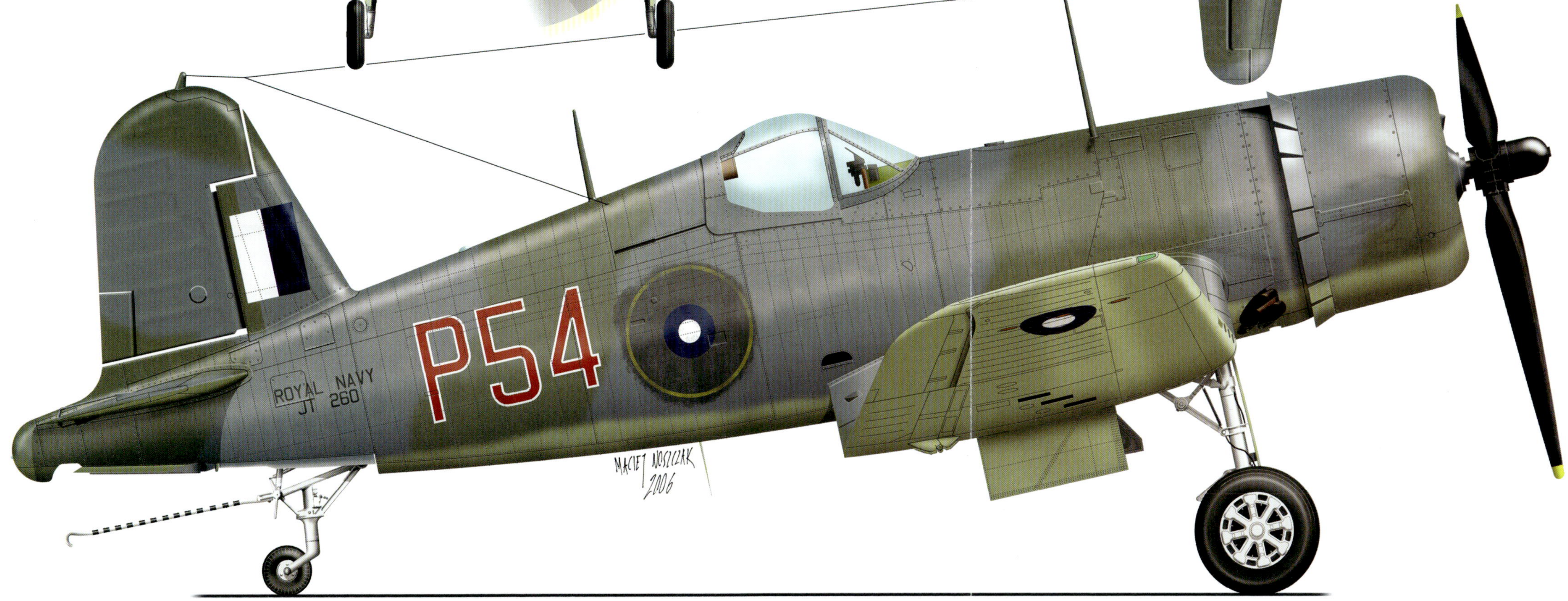

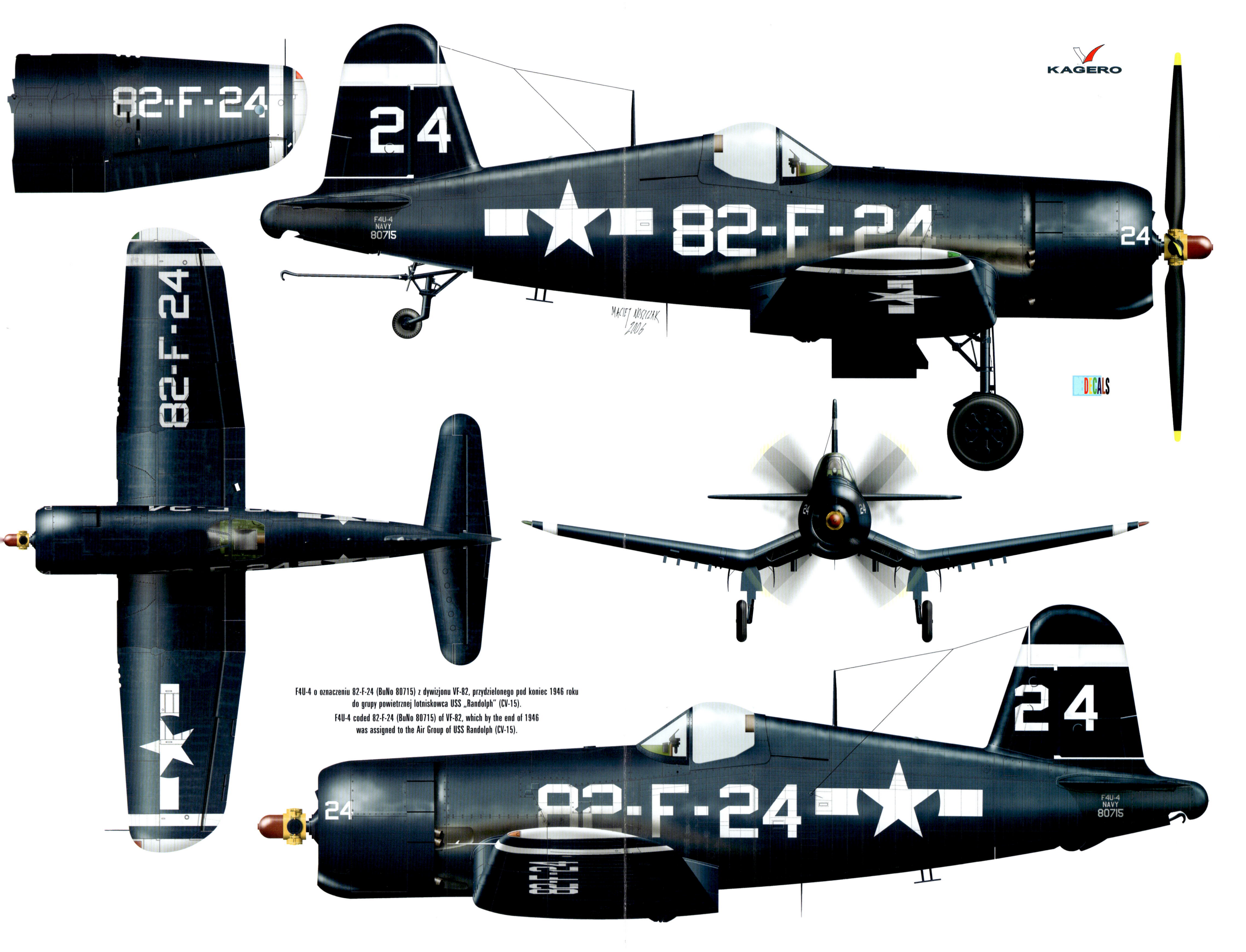

F4U-4 o oznaczeniu 82-F-24 (BuNo 80715) z dywizjonu VF-82, przydzielonego pod koniec 1946 roku
do grupy powietrznej lotniskowca USS „Randolph" (CV-15).

F4U-4 coded 82-F-24 (BuNo 80715) of VF-82, which by the end of 1946
was assigned to the Air Group of USS Randolph (CV-15).

zaledwie dwumiesięcznej kampanii wzbogacić konta dywizjonów o siedemdziesiąt jeden (VMF-311) i 125 (VMF-323) zestrzeleń. Pierwsze z nich „Grzechotniki" osiągnęły już wkrótce – 12 kwietnia. Cztery dni później uganianie się za pojedynczymi intruzami miało swój ciąg dalszy. Start alarmowy klucza por. Felitona nastąpił wczesnym rankiem. Cztery F4U-1D, podskakując na nierównościach lotniska Kadena, wzbiły się w powietrze wprost ze stanowisk postojowych. Jako ostatni oderwał się od zrytej bombami nawierzchni Corsair ppor. Durnforda. Już w powietrzu do pilotów dotarły dyspozycje stacji naprowadzania. Myśliwce skierowały się na wskazany przez kontrolera kurs północno-zachodni. Chodziło o udzielenie osłony amerykańskim niszczycielom atakowanym przez bombowce. Na bezchmurnym niebie z wysokości 3000 metrów zagrożenie dostrzeżono bez kłopotu. Wśród przesuwających się po horyzoncie sylwetek własnych okrętów wykwitały raz po raz fontanny eksplozji. Zdarzył się też zwiastujący trafienie gejzer dymu i ognia. W tym też kierunku Dewey Durnford skierował swojego Corsaira. Wyciskający całą moc z silnika pilot zauważył w oddali przystępujący do ataku dwusilnikowy samolot. Ki-48 Lily wykonał nawrót i ruszył w stronę znieruchomiałego, płonącego na śródokręciu niszczyciela. Następne trafienie z pewnością go zatopi. Jedyna nadzieja w szaleńczym nurkowaniu na przecięcie kursu Japończyka. Dochodząc go z tyłu z lewej, Durnford odbezpieczył uzbrojenie, odłożył poprawkę, zredukował gaz i z odległości 100 metrów oddał pierwszą salwę. Zaraz potem dwie następne. Niestety w tym samym momencie Corsair ścigający Lily znalazł się w jednoczesnym ogniu japońskich strzelców pokładowych i przeciwlotników US Navy. Trwało to na szczęście krótko. Ki-48 rozpadł się pod ogniem Corsaira na kawałki. Runął do morza, eksplodując na jego powierzchni razem ze swoimi bombami, o kilkaset metrów od rufy niedoszłej ofiary. W tej samej chwili Amerykanin poderwał swój myśliwiec pionowo w górę, aby jak najszybciej wyrwać się spod bratobójczego ostrzału. Po wspięciu się z powrotem na przepisowy pułap 4000 metrów, Durnford zastał tam tylko maszynę Felitona. Pozostała dwójka zawróciła w mię-

pressed his trigger when he was in an ideal position, but to his dismay the whole system jammed.

Now his wing man gets a chance at taking the bomber out. The young 2nd Lieutenant decides not to waste the opportunity. He turns on his wing, makes a half-roll and quickly changes direction. Only 500 meters separate the Corsair from the enemy's tail. Approaching from 8 o'clock, Durnford begins firing as soon as he's within range. From 400, 300 and 200 meters he launches three long salvos. The last one demolishes the Helen's rear fuselage. Her gunners cease firing. The American sees their bodies hanging there helplessly. The Corsair decelerates to minimum throttle. No longer threatened, the pilot stays within 50 meters of his trophy.

In spite of the smoke pouring out and the holes in the skin the Ki-49 stays in the air. To make matters worse, the cockpit of the F4U begins to fill with smoke. Could it be the result of the Japanese gunners? There's no time to find the source of the fire. The threat of explosion is quite real, so Durnford gives up chasing the enemy and prepares to bail out. After undoing his harness, opening the canopy and getting his legs overboard it turned out that the smoke had disappeared without a trace. The smoothly working evenly engine fills the pilot with new hope. Could it be that the smoke got into his cockpit when he got too close to the burning Helen? Durnford wondered as he feverishly harnessed himself again to his seat.

He sees with satisfaction that the enemy is still in front of him. The enemy tries to escape, but without making any evasive maneuvers. The stream of smoke trailing from the port engine of the bomber was growing thicker. The Corsair side-slips to starboard. For a moment he has the bomber above him, and without waiting for a better position he opens fire. Shooting along the silvery underbelly, he hits a winged shape object near the wing root. The firepower of the Brownings cause the Baka suicide bomb to separate from the plane. It somersaults dangerously close to the tail of the F4U, only to disappear behind it. As the Corsair lifts, it launches a salvo into the vicinity of the starboard engine. It

Pięć Corsairów F4U-4 w barwach lotnictwa Hondurasu Fuerza Aérea Hondurena. FAH posiadały osiem maszyn tej wersji, oznaczonych numerami od 610 do 612 oraz od 614 do 618.

Five F4U-4 Corsairs in the markings of the Fuerza Aérea Hondurena (Honduras Air Force). The FAH acquired eight machines of this variant and marked them 610 through 612 and 614 through 618.

Późne kampanie

F4U-4B nr 7 (BuNo ?) z dywizjonu VMF-214 „Black Sheep" na lotniskowcu USS „Sicily" (CVE-118) w grudniu 1950 roku. Zdjęcie, choć kiepskiej jakości, znakomicie ukazuje typowe uzbrojenie szturmowych F4U-4B – działka kal. 20 mm, pociski rakietowe HVAR kal. 127 mm, bombę 500-funtową i dodatkowy zbiornik paliwa o pojemności 150 galonów (568 litrów).

F4U-4B side number 7 (BuNo ?) of VMF-214 'Black Sheep' aboard USS Sicily (CVE-118) in December 1950. Although of poor quality, this photo well illustrates a typical armament of the assault F4U-4Bs – 20mm cannons, 127mm HVAR rockets, a 500-lb bomb and a 150 gallon (568 litre) drop tank.

dzyczasie do domu z powodu awarii. Para Corsairów bardzo krótko pozostawała bez zajęcia. Nowe dyspozycje kontrolera radaru skierowały patrol na samotnego kamikadze zbliżającego się do Kerama Retto. Po 20-minutowej gonitwie na pełnym booście, kursy przeciwników skrzyżowały się na zachód od Yontan. Tym razem wroga rozpoznanego jako Ki-49 Helen najpierw zaatakował Feliton. Niestety bezskutecznie. Naciskając spust w idealnej sytuacji strzeleckiej, prowadzący stwierdził ku swej rozpaczy zacięcie całej broni pokładowej. Szansa zniszczenia bombowca i tym razem przypadła więc skrzydłowemu. Współczujący dowódcy młody podporucznik postanowił nie zmarnować takiej okazji.

Zwrot przez skrzydło, półbeczka, szybka zmiana kierunku lotu. Od ogona przeciwnika dzieli Corsaira już tylko 500 metrów. Zbliżając się nieco z lewej (od godziny ósmej), Durnford rozpoczyna ostrzał z granicy skutecznego ognia. Z dystansu 400, 300 i 200 metrów padają trzy długie serie. Ostatnia demoluje tył kadłuba Helen. Milkną jej stanowiska strzeleckie. Amerykanin widzi w nich teraz już tylko zwisające bezwładnie zwłoki. Corsair zmniejsza prędkość do minimum. Nie zagrożony, utrzymuje się teraz nie więcej niż 50 metrów za swoją zdobyczą. Ki-49, dymiąc i świecąc wyrwami w poszyciu, ciągle jednak pozostaje w powietrzu. Na domiar złego kabinę F4U zaczyna wypełniać dym. Czyżby spóźniony skutek ognia japońskich strzelców pokładowych? Nie ma czasu na stwierdzenie źródła pożaru. Groźba eksplozji jest całkiem realna. Durnford rezygnuje z pościgu za nieprzyjacielem i przygotowuje się do opuszczenia maszyny. Po zwolnieniu pasów, otwarciu

would have been hard to miss. In fact, there were so many hits that soon the whole engine falls away from the wing together with its mount and a neighboring fragment of spar. Torn off skin tumbles past the Corsair to the left. The Ki-49 falls into a cork-screw, spinning in a deadly fall towards the water like a gigantic wounded duck. An explosion in the waves finishes the bomber.

The Corsair's fuel reserves are also finishing. By a lucky coincidence, the hunt for the Kamikaze is also called off. He can return home for fuel, ammunition and new assignments, regardless – defending or attacking. Today, tomorrow, the day after tomorrow. He just wants to get through this campaign, through this war...

To the seven aerial victories won over Okinawa, 2nd Lieutenant Dewey Durnford would add one more. A Mig-15 shot down on May 17, 1953. It was the crowning moment for an ace whose career finished with retirement in 1971 after a tour of duty in Vietnam.

USMC Corsairs were assigned more tactical exercises than fighter missions for one basic reason – Marine airfields on Okinawa were only a few kilometers from the front line. Their most common loads were napalm and rockets. Even though bombs and bullets didn't always hit their targets, they contributed to the overall progress of the land offensive. Variety to this routine, like the triumph of the "Death Rattlers" on April 22 over twenty-five Kamikazes, broke the monotony. It was difficult for a limited number of USMC Corsairs to both give ground support to the troops as they fought to increase

owiewki i wystawieniu nóg za burtę okazuje się jednak, że dym rozwiał się bez śladu. Pracujący równo silnik napawa pilota nową nadzieją. Być może dym dostał się do kabiny po zbytnim zbliżeniu się do płonącej Helen? – zastanawiał się Durnford, gorączkowo przypinając się w fotelu. Z radością stwierdza, że wróg jest wciąż przed nim. Stara się ujść, ale nie czyni żadnych uników. Za lewym silnikiem bombowca smuga dymu grubieje coraz bardziej. Corsair przechodzi tymczasem ślizgiem na prawo. Przez moment ma bombowiec na przewyższeniu i stąd też, nie czekając na poprawę pozycji, otwiera ogień. Przeciągając po srebrzystym podbrzuszu, trafia między innymi w podwieszony u nasady płata skrzydlaty kształt. Pociski Browningów sprawiają, że bomba typu Baka odrywa się spod samolotu, przekoziołkuje niebezpiecznie blisko ogona F4U, by zniknąć z tyłu. Wznoszący się Corsair pruje seriami w pobliże prawego silnika. Chybić praktycznie można, ale trafień jest tyle, że wkrótce odpada od skrzydła cały silnik. Oderwany razem z łożem i sąsiadującym fragmentem dźwigara. Zerwane poszycie, wirując płatami, wymija Corsaira z lewej. Ki-49 wpada w tym samym momencie w korkociąg. Kręcąc się w śmiertelnym opadaniu ku powierzchni wody niczym ranna, gigantyczna kaczka. Eksplozja w falach kończy lot bombowca.

Kończy się też paliwo w zbiornikach Corsairów. Szczęśliwym zbiegiem okoliczności namiary na kamikadze także się wyczerpują. Można wracać do domu po paliwo, amunicję i nowe zadania myśliwskie lub szturmowe na dzisiaj, na jutro, na pojutrze. Aby do końca kampanii. Aby do końca wojny...

Do siedmiu zwycięstw powietrznych odniesionych nad Okinawą porucznik Dewey Durn-

their beachhead and defend the fleet against kamikaze attacks at the same time. One of the days when the dilemma reared its ugly head the strongest was May 11. In the sixth week of fighting for Okinawa the kamikaze had lost none of their obstinacy. All airworthy Corsairs on the "Bunker Hill" were launched before dawn. Strafing enemy positions on the north of the island were very successful. Commodore Hedrick's men flew back to the carrier at about 09.00h. An hour later, when the rearming and refueling of the Corsairs was in full swing, the Kamikaze attacked. Two Judy bombers exploded along with their bombs amidships, where all of the fighters from VF-84 stood ready to take off. The detonations, smoke, heavy losses in people and equipment... all in the course of several minutes eliminated the carrier and her Corsairs from further battle.[2]

The Corsairs from the "Essex" and "Bennington" were left to carry on the battle themselves. They were supplemented by VF-85 and VBF-85 from the carrier USS "Shangri La" which were equipped mostly with F4U-1Cs. As was often the case, these fighters (infamous for their unreliable cannon[3]) were usually deployed in a defensive patrolling role at lower altitudes over the ships of TF58. When the battle for Okinawa was finished, the Corsairs from "Shangri La" joined in tactical strikes on Kyushu at the beginning of July. The last wartime missions were performed invariably over the moon-like scenery of cities that had been leveled to the ground

[2] The fate of VF-84 and her pilots is discussed at length in another book by this author, "VF-17" – vol. 24 in the Air Miniatures series, Kagero, 2003.

[3] They would freeze at typical operating altitudes.

F4U-4B nr 307 (BuNo ?) z dywizjonu VF-53 „Blue Knights" startuje z pokładu lotniskowca USS „Essex" (CV-9) u wybrzeży Korei w marcu 1952 roku. Ta wersja Corsaira uzbrojona była w cztery działka kal. 20 mm zamiast sześciu karabinów maszynowych kal. 12,7 mm.

F4U-4B side number 307 (BuNo ?) of VF-53 'Blue Knights' taking off the deck of USS ESSEX (CV-9) off Korea in March 1952. This variant was armed with four 20mm cannon in place of six 12.7mm (0.50 cal) heavy machine guns

Późne kampanie

ford doda jeszcze jedno – zestrzelonego 17 maja 1953 roku MiG-15. Ładne ukoronowanie kariery asa, zakończonej przejściem na emeryturę w roku 1971. Tuż po zaliczeniu tury bojowej w Wietnamie.

Zadania taktyczne Corsairów USMC przeważały nad myśliwskimi z jednego zasadniczego względu. Lotniska Marines dzieliło na Okinawie od linii frontu zaledwie kilka kilometrów. Do najpowszechniej stosowanych ładunków należał napalm i rakiety. Bomby i pociski, mimo iż nie zawsze dokładnie lokowane w celach, przyczyniały się do postępów lądowej ofensywy. Urozmaicenia tej monotonii w postaci triumfu „Death Rattlersów" 22 kwietnia nad dwudziestoma pięcioma kamikadze należały do rzadkości. Ograniczonej liczbie Corsairów USMC trudno było jednocześnie wspierać piechotę w powiększaniu przyczółka i bronić floty inwazyjnej przed samobójczymi atakami. Jednym z dni, gdy taki dylemat uwidocznił się najsilniej, był 11 maja. W szóstym tygodniu zmagań o Okinawę poczynania kamikadze nie straciły nic na swej zawziętości. Wszystkie sprawne Corsairy „Bunker Hilla" poderwano w górę jeszcze przed świtem. Wymiatanie nad nieprzyjacielskimi umocnieniami na północy wyspy powiodło się doskonale. Ludzie komandora Hedricka wrócili na lotniskowiec o godzinie dziewiątej. Godzinę później, kiedy przezbrajanie i tankowanie Corsairów było w pełnym toku, nastąpił atak kamikadze. Dwa bombowce typu Judy eksplodowały wraz z bombami na śródokręciu pełnym gotowych do startu myśliwców VF-84. Detonacje, dym, ciężkie straty w ludziach i sprzęcie...

Corsairy ze słynnego „Black Sheep Squadron" – dywizjonu VMF-214 lotnictwa USMC na pokładzie lotniskowca USS „Sicily" (CVE-118) w drodze do Korei w sierpniu 1950 roku. Na pierwszym planie F4U-4B nr 15 (BuNo ?).

Corsairs of the famous 'Black Sheep Squadron' – VMF-214 (USMC) aboard USS SICILY (CVE-118) heading for Korea, August 1950. In the foreground F4U-4B side number 15 (BuNo ?).

and the wreckage left behind at bombed out airfields. All dogfights were now in the past. The victory, in which the Corsair had played such an essential part, was complete.

On the day of Japan's surrender there were more than 2,100 F4Us in seventy-two RAG,[4] USMC and USN squadrons. Additionally, the British FAA had over 250 Corsairs in service.

The Corsair's Next War

Tired of war, Americans searched for ways to deal with the bad times. One from them was the revival of the Cleveland National Air Race. In the September, 1946 race military surplus Corsairs started with varied amounts of luck. At the end of the ten laps of the 30 mile route, Cook Cleland's FG-1D took sixth place in the Thomson Race. His Corsair finished after a P-39Q, a P-39L and three mustangs.

The 1947 race was a hands-down success for the F2G-1. Forgotten prototypes of the "Super-Corsair" took first and second place. Cook Cleland took the Thompson Trophy, while second place was taken by Dick Becker in another "Super Corsair." Problems with the cooling system prevented both pilots from repeating their success a year later. Better preparation of the Corsairs allowed them both to return in 1949 for unquestionable victories in the last of the Thompson Trophy races. First, second and third place were all taken by F2G-1s: Cleland, Ron Puckett and Ben McKillen. The outbreak of the

---
[4] Replacement Training Air Group.

w ciągu kilku minut wyeliminowały okręt i jego Corsairy z dalszej bitwy[2].

Na jej polu pozostały Corsairy „Essexa" i „Benningtona" uzupełnione wyposażonymi głównie w F4U-1C dywizjonami VF-85 i VBF-85 z lotniskowca USS „Shangri La". Podobnie jak w innych przypadkach, tak i tutaj słynące z zawodnych[3] działek myśliwce zatrudniano zazwyczaj w defensywnym patrolowaniu na niższych pułapach nad okrętami TF58. Po zakończeniu boju o Okinawę Corsairy z „Shangri La" przyłączyły się z początkiem lipca do zadań taktycznych nad Kiusiu. Ostatnie wojenne misje odbywano nieodmiennie nad księżycowym krajobrazem

[2] Losy dywizjonu VF-84 i jego pilotów zrelacjonowano dokładnie w ostatnim rozdziale książki tego samego autora, VF-17; tom 24, „Miniatury Lotnicze", Lublin 2003.
[3] Zamarzającymi na typowych dla myśliwców wysokościach bojowych.

Korean war in 1950 put an end to the air races. Corsairs would return to a new incarnation of the National Air Race during the 1960s at Reno, Nevada.

As opposed to the obsolete Hellcat, the Corsair remained in post-war service. Truthfully speaking, it still had its most fruitful stage of development before it. Both on the decks of aircraft carriers and on land bases, the F4U proved irreplaceable in many roles for America as well as for many other countries. The only thing needed to define those new roles was a new conflict, provoked in June, 1950 by Communists on the Korean Peninsula. the first Corsairs to participate were the machines of VF-53 and VF-54 on the USS "Valley Forge." This carrier was part of a combat team whose aircraft were exclusively piston-engine types. Hence the name "Jet-Free-Task Force 77."

F4U-4B nr 7 (BuNo ?) z dywizjonu VMA-323 (poprzednio VMF-323) „Death Rattlers" lotnictwa USMC. Także ta jednostka wzięła udział w wojnie w Korei. Na zaczepach pod skrzydłami podwieszone dwie bomby 1000-funtowe i cztery 250-funtowe.

F4U-4B side number 7 (BuNo ?) of VMA-323 (former VMF-323) 'Death Rattlers' (USMC). This squadron also participated in the Korean War. On wingroot pylons two 1000-lb. bombs, accompanied by four 250-pounders under wings.

Następna wojna Corsaira

F4U-4B z tymczasowym numerem 448 przed przekazaniem do jednostki. Dane na temat ilości wyprodukowanych egzemplarzy tej wersji są różne – od 140 do blisko 300 sztuk.

F4U-4B, marked with provisional number 448, awaiting its allotment to a frontline unit. The number of aircraft produced in this variant vary, depending on a source, from 140 to nearly 300.

F4U-4P (BuNo ?) był fotorozpoznawczą wersją F4U-4. Zbudowano zaledwie dziewięć lub jedenaście maszyn tej wersji (według różnych danych). Dwa okna dla obiektywów kamer znajdowały się w spodzie i po lewej stronie tylnej części kadłuba (w charakterystycznej wypukłej obudowie).

F4U-4P (BuNo ?) was a photo-reconaissance variant of F4U-4. There were only nine or eleven machines of this variant built (sources vary). Two camera ports were located in the rear fuselage blister and in a small window on the port side

miast zmiecionych z powierzchni ziemi i wrakowisk powstałych w miejsce zrytych bombami lotnisk. O walkach powietrznych pozostały tylko wspomnienia. Zwycięstwo, w którym Corsair miał swój istotny udział, było całkowite.

W dniu kapitulacji Japonii, w siedemdziesięciu dwóch dywizjonach i RAGs[4] USMC i USN znajdowało się ponad 2100 F4U. Dodatkowo w szeregach brytyjskiego FAA pełniło wówczas służbę ponad 250 Corsairów. Pełny wykaz jednostek F4U we wrześniu 1945 roku podano w tabeli na końcu książki.

Następna wojna Corsaira

Zmęczeni wojną Amerykanie szukali sposobów na odreagowanie przykrych doświadczeń. Jednym z nich stało się przywrócenie w Cleveland (stan Ohio) zawieszonych przez pięć lat wyścigów lotniczych. We wrześniowych zawodach w roku 1946 pochodzące z wojsko-

[4] Skrót nazwy Replacement Training Air Groups – Zapasowe Szkolne Grupy Lotnicze.

Sixteen rocket armed F4U-5 Corsairs along with twenty other planes attacked the main enemy base in Pyongyang on the morning of July 3. The last to reach their target, the Corsairs performed their assignment perfectly, and equally important, without losses. As a result of the attack many aprons, hangars and fuel depots were destroyed. This first mission was a good indication of what was to come for the next 36 months. The Corsairs would be very busy indeed.

Exactly one month after the debut of the carrier forces, USMC Corsairs joined the fighting. F4U-4Bs from VMF-214 launched bombs and rockets against Chinju base on the banks of Tsushima Strait. Three days later, operating from small escort aircraft carriers, fighters from the same squadron fought alongside Corsairs from VMF-323 based on USS "Bandoeng Strait."

At this stage of operations the carriers played a key role. An uncontrollable enemy offensive had seized all the airfields in southern Korea. That situation became somewhat better only after the landing of UN troops at Inchon. Shortly before the landing, the first conflict be-

The Corsair's Next War

wego demobilu Corsairy startowały ze zmiennym szczęściem. Po dziesięciu okrążeniach 30-milowej trasy, FG-1D pilotowany przez Cooka Clelanda zajął szóste miejsce. Corsair przeciął metę po P-39Q, P-39L i trzech Mustangach.

Zawody w roku 1947 były natomiast bezapelacyjnym sukcesem F2G-1. Porzucone swego czasu prototypy „Super-Corsairów" triumfowały na dwóch pierwszych miejscach. Trofeum Thompsona zdobył Cook Cleland. Drugie miejsce na takim samym typie samolotu zajął Dick Becker. Przed powtórzeniem tego wyczynu dwanaście miesięcy później powstrzymały tych samych pilotów awarie systemów chłodzenia. Lepsze przygotowanie Corsairów do ostatnich już zawodów Thompsona w 1949 roku znów dało im niezaprzeczalne zwycięstwo. Trzy pierwsze miejsca zajęli pilotujący F2G-1: Cleland, Ron Puckett i Ben McKillen. Rok 1950 i wybuch wojny koreańskiej położyły kres wyścigom lotniczym tej miary. W innej formule powrócą one wraz z Corsairami, w latach sześćdziesiątych, tym razem w Reno (Nevada).

W przeciwieństwie do pozbawionego potencjału rozwojowego Hellcata, Corsair pozo-

tween American and Soviet fighters took place over the Yellow Sea on September 4. A pair of Tu-2 reconnaissance planes were quickly driven away by four Corsairs from VF-53. One of the enemy crews showed better reflexes than his American counterpart and upon sighting the American fighters, the twin-engined machine with red stars turned back towards the North Korean coast. The second Tupolev reacted a little slower – a reaction which would seal his fate. Lt(jg) Dick Downs, flight leader for the F4U-4Bs didn't allow his trophy to escape. Chasing it down at a low altitude, the American found himself under fire from the Tu-2's rear gunner. Once he had gotten permission to engage the enemy from his carrier, Downs answered with his four cannon. The 20 mm rounds mangled the port engine together with the framing around it. The fire and resulting uncontrolled cork-screw lasted only several seconds, after which the wreck was absorbed by the waves. When a destroyer reached the spot a short while later, the only remains was the body of one of the airmen.

F4U-5 (BuNo 1221xx). Zbudowano 223 egzemplarze tej wersji (nie licząc nocnych odmian F4U-5N i -5NL).

F4U-5 (BuNo 1221xx), one of 223 machines completed in this variant (apart from F4U-5N and -5NL night fighter versions).

F4U-5 nr 16 (BuNo 121846?) z dywizjonu VMF-224 w bazie MCAS Cherry Point w Północnej Karolinie pod koniec lat czterdziestych.

F4U-5 side number 16 (BuNo 121846?) assigned to VMF-224 at MCAS Cherry Point, North Carolina, in the late forties.

F4U Corsair — 47

Ten Corsair F4U-5 nr 317 (BuNo 121837) doznał uszkodzenia lewego podwozia podczas lądowania na pokładzie lotniskowca USS „Oriskany" (CV-34), 17 stycznia 1951 roku. Na pierwszym planie (nad krawędzią podnośnika lotniczego) widać „uciekające" oderwane koło podwozia.

This Corsair F4U-5 side number 317 (BuNo 121837) sheared off its port landing gear leg while coming aboard USS ORISKANY (CV-34) on 17th January 1951. Note the 'runaway' wheel, visible just above the brim of the deck elevator.

stał w powojennej służbie. Prawdę mówiąc, najowocniejszy etap rozwoju był dopiero przed nim. Zarówno na pokładach lotniskowców, jak i w bazach lądowych, w lotnictwie amerykańskim, jak i wielu innych krajów F4U okazał się niezastąpiony w wielu wcieleniach. Doczekał w nich udziału w nowym konflikcie – sprowokowanej w czerwcu 1950 roku przez komunistów wojnie na półwyspie koreańskim. Pierwszymi Corsairami, jakie wzięły w niej udział, były maszyny dywizjonów VF-53 i VF-54 z USS „Valley Forge". Okręt ten wchodził w skład jedynego zespołu bojowego, którego lotniskowce wyposażone były wyłącznie w samoloty tłokowe, stąd nazwa „Jet-Free-Task Force 77" („Pozbawiony Odrzutowców TF77").

Szesnaście zbrojnych w rakiety Corsairów F4U-5 w towarzystwie dwudziestu innych samolotów zaatakowało rankiem 3 lipca główną bazę wroga w Phenianie. Corsairy, przybywające nad cel jako ostatnie, wywiązały się z zadania doskonale, a co równie ważne – bez strat własnych. W wyniku ostrzału podpalono i zniszczono liczne stanowiska postojowe, hangary i składy paliw. Inauguracyjna akcja była godną zapowiedzią tego, co miało potrwać przez następne trzydzieści sześć miesięcy. Dalsze akcje posypały się jedna po drugiej. Dokładnie w miesiąc po debiucie lotnictwa pokładowego, w boju znalazły się Corsairy USMC. F4U-4B z dywizjonu VMF-214 z powodzeniem atakowały bombami i rakietami bazę Chinju nad brzegiem cieśniny Cuszimskiej. Trzy dni później operujące z małych lotniskowców eskortowych myśliwce tej

Corsairs from three aircraft carriers operated over the Inchon beachhead from the beginning of September, 1950 – the previously mentioned "Valley Forge" along with the newly arrived USS "Philippine Sea" and "Boxer." Aside from the large group of US Navy Corsairs, USMC Corsairs operated from the small escort carriers USS "Sicily" and "Bandoeng Strait." They gave the most support to the invading forces in their march from Inchon to the 38th parallel. In the north, UN forces recovered the airfields which had been lost during the summer. Soon the first F4Us were stationed on them. Night fighters from VMF (N)-513 landed on the evening of September 18 at the base at Kimpo outside of Seoul after a long flight from Itazuke in Japan. Aside from Tigercats, Major Reinburg's squadron also had F4U-5Ns. A few more of the Corsair night fighters were dispatched to Kimpo by VC-3 from the carrier "Valley Forge."

Hunter Reinburg's men found themselves under fire practically from the moment of their arrival. In spite of the fact that the missions were an affront to the pilots' qualifications, their tactical missions would ensure a nightly dose of emotion. The night hunts were mostly to disrupt the traffic of enemy supply columns to the front. Fighting them was not a simple matter. Enemy movement on dark roads first had to be detected, and then lit up. For this they used special flares hung under the wings near the bombs and rockets. This weak light assured a minimum of visibility for a short and precise attack. These missions in unknown,

samej jednostki współdziałały z Corsairami VMF-323 z USS „Bandoeng Strait". Na tym etapie wojny operacje lotniskowców miały znaczenie kluczowe. Niepowstrzymana ofensywa przeciwnika zagarnęła bowiem wszystkie bazy lotnicze na obszarze południowej Korei. W tej dziedzinie sytuacja uległa niewielkiej zmianie na lepsze dopiero po desancie wojsk ONZ pod Inchon. Tuż przed nim, nad Morzem Żółtym, nastąpiło 4 września pierwsze w tej wojnie starcie samolotów amerykańskich z sowieckimi. Para rozpoznawczych Tu-2 została szybko przepędzona przez czwórkę Corsairów VF-53. Jedna z wrogich załóg wykazała się lepszym refleksem. Zaraz po spostrzeżeniu amerykańskich myśliwców dwusilnikowa maszyna z czerwonymi gwiazdami zawróciła w stronę północnokoreańskiego brzegu. Drugi Tupolew zareagował nieco wolniej i to przesądziło o jego zgubie. Porucznik Dick Downs na czele klucza F4U-4B nie pozwolił już ujść zdobyczy. Doganiając ją na niskim pułapie, Amerykanin znalazł się pod ogniem tylnego strzelca Tu-2. Po otrzymaniu z lotniskowca zgody na podjęcie walki, Downs odpowiedział ze swoich czterech działek. 20-milimetrowe pociski momentalnie rozszarpały okolice lewego silnika. Pożar i niekontrolowany korkociąg trwały tylko kilka sekund. Potem morskie fale pochłonęły wrak. Kiedy nad miejsce niedawnej walki dotarł wezwany tam niszczyciel, na powierzchni morza unosiło się tylko ciało jednego z lotników. Nad przyczółkiem Inchon od pierwszej połowy września 1950 roku operowały Corsairy z trzech lotniskowców, wspomnianego już „Valley Forge" oraz nowo przybyłych USS „Philippine Sea" i „Boxer".

Poza tak dużą grupą Corsairów US Navy, należące to USMC samoloty tego typu operowały z małych lotniskowców eskortowych: USS „Sicily" i „Bandoeng Strait". To głównie one udzieliły wsparcia rozwijającym natarcie siłom inwazyjnym w ich pochodzie od Inchon do 38. równoleżnika. W postępach na północ wojska ONZ odzyskiwały z rąk wroga utracone latem lotniska, na które wkrótce przebazowały pierwsze F4U. Wieczorem 18 września w podseulskiej bazie Kimpo lądował (po dalekim przelocie z japońskiego Itazuke) dywizjon myśliwców nocnych VMF(N)-513. Oprócz Tigercatów na uzbrojeniu jednostki majora Reinburga znajdowały się F4U-5N. Nieliczne nocne myśliwce tej samej odmiany wyekspediował również do Kimpo dywizjon VC-3 z lotniskowca „Valley Forge".

Podwładni Huntera Reinburga znaleźli się w ogniu walki niemal natychmiast po przybyciu. Mimo iż niegodne ich kwalifikacji, nocne zadania taktyczne zapewniały odtąd co noc pilotom wystarczające emocje. W nocnych polowaniach chodziło głównie o zahamowanie dofrontowego ruchu nieprzyjacielskich kolumn zaopatrzeniowych. Zwalczanie ich wbrew pozorom nie

mountainous ground were among the most difficult. Outside the circle of weak light, the attacking Corsairs were forced to maneuver in complete darkness. In the event of a success, the scene would soon be lit up by exploding vehicles. That the night Corsairs of VMF(N)-513 performed mostly tactical missions is illustrated by the fact that during the entire Korean war they only had two aerial victories. Intelligence reports, on the other hand, show that their success in the ground attacks were extremely impressive. Hundreds of enemy vehicles were de-

F4U-5 nr 308 (BuNo ?) z dywizjonu VF-14 „Tophatters" podchodzi do lądowania na lotniskowcu USS „Franklin D. Roosevelt" (CVB-42).

With flaps fully down and the arrestor hook extended, this F4U-5 side number 308 (BuNo ?) of VF-14 'Tophatters' drops down on the deck of USS Franklin D. Roosevelt (CVB-42).

Jeden z pierwszych F4U-5N (BuNo ?) w locie. Pod owiewką na krawędzi natarcia prawego skrzydła znajdował się radar AN/APS-19 lub -19A. Łącznie zbudowano 315 egzemplarzy nocnych myśliwców F4U-5N i F4U-5NL.

One of the first F4U-5Ns (BuNo ?) in flight. The radome of the AN/APS-19 (or -19A) radar mounted in the leading edge of the starboard wing in clearly visible. A total of 315 F4U-5N and F4U-5NL night fighters were built.

było sprawą prostą. Wroga posuwającego się po drogach w kompletnych ciemnościach należało najpierw wykryć, a następnie oświetlić, do tego służyły specjalne flary podwieszane pod skrzydłami oprócz uzbrojenia w postaci bomb i rakiet. Nikłe światło zapewniało minimum widoczności na czas krótkiego, precyzyjnego nalotu. Odbywanie go w nieznanym, górzystym terenie należało do zadań najtrudniejszych. Poza kręgiem słabego blasku, atakujące konwój Corsairy zmuszone były manewrować w kompletnych ciemnościach. W przypadku powodzenia rozjaśniały je wkrótce eksplodujące pojazdy. O stopniu zaangażowania w zadania szturmowe świadczy fakt, iż nocne Corsairy VMF(N)-513 odnotowały na przestrzeni całej wojny koreańskiej tylko dwa zwycięstwa powietrzne. Za to z danych wywiadowczych wynika, że rezultaty akcji szturmowych dywizjonu były prawdziwie imponujące. Zamknęły się liczbą setek zniszczonych pojazdów i bliżej niesprecyzowanej, lecz licznej siły żywej nieprzyjaciela.

Odrzucenie wroga na rubież wyjściową szybko okazało się sukcesem pozornym. Porażka sił północnokoreańskich spowodowała już miesiąc po Inchonie włączenie się do konfliktu oddziałów armii chińskiej. Jej posiłki przekraczające graniczny most na rzece Yalu, ze względu na restrykcje natury politycznej, mogły być atakowane wyłącznie na koreańskim brzegu. Precyzyjne uderzenia na jeden tylko mostowy przyczółek zlecono właśnie pokładowym Corsairom i Skyraiderom TF77. Okolica celu roiła się

stroyed and large (although imprecise) numbers of enemy personnel were killed.

That any real progress had been made toward setting the enemy back towards the border soon turned out to be an illusion. One month after the defeat of North Korean forces at Inchon, the Chinese sent troops. The Chinese reinforcements crossing the border bridge on the Yalu river could only be attacked once they reached the Korean side for political reasons. Precision strikes against one bridge-head were assigned to carrier-based Corsairs and Skyraiders from TF77. The target region was literally crawling with AA emplacements capable of repulsing every attack. The futile struggles of the F4Us with the communist anti-aircraft gunners would last six weeks until the November frosts finally made the influx of enemy reinforcements impossible to stop. The frozen Yalu had become one big bridge.

With the stockpiling of forces and equipment finally complete, the enemy started a new offensive on November 21, 1950. Possessing the advantage of larger ground forces now guaranteed the offensive's success as did having the advantage in the air. Shipboard aircraft, along with their carriers were temporarily absorbed by other assignments. After repairs, meeting up with convoys and resupplying, they were sent back into action at the beginning of December, when the situation on the windy, ice-cold front was difficult. From December 17 VMF-212 (USS "Bataan") and VMF-214 (USS "Sicily") were as-

The Corsair's Next War

tam dosłownie od stanowisk opl., zdolnych odeprzeć każdy nalot. Daremne zmagania F4U z komunistycznymi przeciwlotnikami miały trwać sześć tygodni. Listopadowe mrozy ostatecznie uniemożliwiły powstrzymanie napływu nieprzyjacielskich posiłków. Zamarznięta Yalu otworzyła dla nich całą swą powierzchnię.

Zakończenie magazynowania sił i środków 21 listopada 1950 roku dało wynik w postaci nowej nieprzyjacielskiej ofensywy. Przewaga liczebna gwarantowała jej sukces na równi z przewagą w powietrzu. Lotnictwo pokładowe wraz z macierzystymi okrętami pochłonięte było chwilowo innymi zadaniami. Z remontów, konwojów i przyjmowania uzupełnień powrócono do akcji dopiero w początkach grudnia. Kiedy sytuacja na smaganym lodowatym wichrem froncie była już bardzo niepomyślna. Dywizjony VMF-212 (USS „Bataan") i VMF-214 (USS „Sicily") osłaniały od 17 grudnia dramatyczną ewakuację oblężonego Hungnamu. W nieustannych misjach taktycznych, nad niezliczonymi kolumnami pancernymi wroga, celność nalotów liczyła się jak nigdy. Zrzut bomb i odpalanie rakiet oraz wsparcie ogniem broni pokładowej, następowały często w bezpośredniej bliskości własnych oddziałów. „Zazwyczaj z zamierzonym skutkiem, na pohybel komunistycznym bandytom" – to stwierdzenie sierżanta Jozefa, do dziś wdzięcznego Corsairom weterana amerykańskiej piechoty, odnosi się do misji szturmowych F4U szczególnie w tym trudnym okresie. Poza wyżej wymienionymi, aktywne wówczas nad „płynnym" frontem były Corsairy z lotniskowców USS „Leyte", „Philippine Sea" i „Bandoeng Strait". Po jako takim opanowaniu sytuacji, punktem ciężkości obrony wojsk ONZ stał się rejon Chosin. Ustabilizowanie się linii frontu znów pociągnęło za sobą zagęszczenie obrony przeciwlotniczej przeciwnika. W trakcie operacji myśliwsko-bombowych, jeszcze w grudniu, przekonali się o tym piloci trzech maszyn pokładowych, jednego Skyraidera i dwóch Corsairów dywizjonu VF-32. Dosiadający jednego z nich podporucznik J.L. Brown padł za frontem ofiarą flaku. Podczas przymusowego lądowania w górzystym terenie kraksa uwięziła go w kabinie. Widząc kolegę bezskutecznie usiłującego się uwolnić z płonącej maszyny, pilot krążącego nad nią drugiego F4U, por. T.J. Hunter, zdecydował się skraksować w pobliżu. Dał radę dotrzeć do Browna, lecz mimo usilnych prób, nie potrafił uwolnić go z płonącej kabiny. Ku rozpaczy Huntera, wezwany na pomoc helikopter przybył na miejsce już po śmierci Browna. Za swoje pełne poświęcenia, choć nieskuteczne wysiłki, Tom Hunter został odznaczony Honorowym Medalem Kongresu. Czwartym w historii i jednocześnie ostatnim nadanym pilotowi Corsaira.

Operacje wojenne toczyły się tymczasem nadal z niezmienną zaciętością. Przy niemałym

signed to give air cover to the dramatic evacuation of Hungnam. In non-stop tactical strikes against endless enemy armored columns, the accuracy of the strikes counted as never before. The dropping of bombs and launching of rockets together with the use of their cannon was taking place in very close proximity to allied forces. "Usually with the intended result, the destruction of communist bandits" – this statement by Sgt. Joseph Dolniak, an American infantry veteran who is grateful to this day to the Corsairs, applies to the attack missions F4Us performed especially in this difficult period.

Corsairs from USS "Leyte," "Philippine Sea" and "Bandoeng Straight" were also active over the "liquid" front. Once the situation had been more or less stabilized, UN troops concentrated the defense in the Chosin region. The stabilization of the front meant that the enemy was able to concentrate anti-aircraft defenses. In December, three carrier based pilots from VF-32 – one of a Skyraider and two of Corsairs, experienced it firsthand while on a fighter-bomber mission. One of the Corsair pilots, Ens. J.L. Brown was knocked down by flak in enemy territory. During the forced landing in the mountainous ground he became trapped in the cockpit. The pilot of the second Corsair, Lt (jg) T. J. Hunter, seeing his friend trapped in the burning plane decided to crash land nearby. He made it to Brown, but try as he might, he was unable to free him from the cockpit. To Hunter's despair, the helicopter he called arrived after Brown had died. For his valiant sacrifice, Tom Hunter was awarded the Congressional Medal of Honor. He was the fourth Corsair recipient in the medal's history and the last Corsair pilot to receive one.

Operations went on during that time as intensively as ever. With a large number of Corsairs taking part (4/5 of all carrier fighters), the enemy was forced back to the pre-war border early in the spring of 1951 and this front would

F4U-5 w locie. Była to ostatnia wersja myśliwska Corsaira produkowana na potrzeby lotnictwa morskiego USA.

F4U-5 in flight. It was Corsair's last fighter variant produced on order of the U.S. Navy.

Następna wojna Corsaira

F4U-5N lub -5NL nr 48 (BuNo 123195) z dywizjonu VC-4. Pod skrzydłami podczepione rakiety HVAR kal. 127 mm, zwane popularnie „Holy Moses".

F4U-5N (or -5NL) side number 48 (BuNo 123195) assigned to VC-4. Seen under wings are 127 mm HVAR rockets commonly known as the 'Holy Moses'.

udziale Corsairów (cztery piąte wszystkich myśliwców pokładowych) wczesną wiosną 1951 roku wroga odrzucono na przedwojenną granicę. Tam linia frontu miała się ustabilizować na dobre. Mało widowiskowe codzienne operacje taktyczne prowadzone w nawałach ognia opl. na tyłach nieprzyjaciela zajęły odtąd niepodzielnie czas lotnikom USN i USMC. Zarówno Corsairy, jak i ich piloci stanowili ciekawą strukturę pokoleniową. W dywizjonach, takich jak VF-113, VMF-212 i 214 oraz VMF-323 i innych jednostkach latających na F4U, zdarzali się piloci, którzy mieli za sobą udział w drugiej wojnie światowej; lecz trafiali się i ich synowie. W dziedzinie sprzętu dominowały w zasadzie fabrycznie nowe F4U-5 i AU-1, ale nie brakowało też F4U-4 pamiętających czasy Iwo Jimy i Okinawy. Sensacyjne misje i sukcesy miały miejsce rzadko.

Tym niemniej od czasu do czasu Corsairy i ich piloci byli bohaterami niezwykłych przygód. Kwiecień 1951 roku nie różnił się w tej mierze niczym od poprzednich miesięcy. Stacjonujące na lotniskowcu USS „Bataan" Corsairy dywizjonu VMF-312 wykonywały dziennie do pięćdziesięciu trzygodzinnych samolotolotów. Dominowały rzecz jasna wymiatania i misje szturmowe przeplatane czasem eskortami samolotów ratowniczych lub patrolami nad własną flotą.

Korzystając z międzylądowań na pustynnym pasie Kimpo, F4U-4 o kraciastych osłonach silników bombardowały koncentracje wojsk przy drodze Phenian – Chinampo. Pełny ładunek bomb i rakiet należało dostarczać do celu na minimalnej wysokości. Wśród gradu ognia przeciwlotniczego nad dzikim, nieprzystępnym krajobrazem północnej Korei. Równie wyczerpują-

remain stable. From here on out the USN and USMC pilots would spend the bulk of their time flying daily close support operations through heavy AA defenses at the enemy's rear. Both the Corsairs and their pilots formed an interesting generational structure. In F4U squadrons like VF-113, VMF-212 and 214 and VMF-323 and others, there were pilots with WWII training and... their sons!

Most of the equipment was new, with F4U-5s and AU-1s dominating, but there were also F4U-4s that had flown at Iwo Jima and Okinawa. Sensational missions and successes were rare. Once in a while however, Corsairs and their pilots were the heroes of unusual adventures. April, 1951 was no different in this respect from the previous months. Stationed on the carrier USS "Bataan," the Corsairs from VMF-312 performed up to fifty three-hour sorties per day. Ground strikes and sweeps dominated, of course, but they also occasionally escorted rescue planes or flew patrols over own fleet.

By taking advantage of the desert airstrip at Kimpo, F4U-4s with their chequered cowls bombed army concentrations on the Pyongyang – Chinampo road. A full load of bombs and rockets needed to be delivered against a target from a low altitude among a hail of anti-aircraft fire over the wild, inaccessible landscape of Northern Korea. The trip there and back was just as tiring as the fight itself. The machines took off with a full load from the crowded deck of an aircraft carrier, followed by a flight across the monsoon covered Yellow Sea. One of the victims of the never-ending exhaustion was the

The Corsair's Next War

cy jak walka, był dolot i powrót znad celu. Starty objuczonych maszyn z przeładowanego pokładu lotniskowca, potem przebijanie się przez pokryte monsunem Morze Żółte. Jedną z ofiar wzmagającego się wyczerpania był dowódca „Checkerboards" (VMF-312), major Frame. Zaniedbanie ostrożności kosztowało go zestrzelenie na zachód od komunistycznej stolicy. Weterana zastąpił po dwóch dniach major Presley. Jego również dwa tygodnie później wyeliminowali z wojny koreańscy przeciwlotnicy. Nazajutrz, 21 kwietnia, do pierwszej akcji poprowadził cztery Corsairy kapitan DeLong. Tuż przed osiągnięciem przedmiotu nalotu – umocnień na północ od Chinampo – odmówił posłuszeństwa silnik jednego z F4U-4. Mimo iż wypadki takie nie należały do częstych, dla porucznika Godbeya nie było innej rady, jak ratować się na spadochronie. Nad miejscem lądowania towarzysza dowódca pozostawił parę Corsairów, wezwał helikopter ratowniczy, a następnie udał się wraz ze skrzydłowym, porucznikiem Daighem, nad cel. Dotarcie tam i wypełnienie zadania nie było im jednak dane. Do wcześniejszego pozbycia się ładunku zmusiło DeLonga zaskakujące pojawienie się czterech Jaków-9. Kilka pocisków pierwszego z nich przeszło lewy płat Corsaira. DeLong odpowiedział odruchowym unikiem, zredukowaniem gazu i wywrotem. Po chwili miał przed sobą, nieco powyżej, całą czwórkę maszyn z czerwonymi gwiazdami. Na razie ostrzeliwał je dość chaotycznie por. Daigh. Długie serie okazały się mimo wszystko skuteczne. Jeden z Jaków zadymił i chwiejnym, stale zniżającym się lotem zawrócił na północ. Taka sama sytuacja powtórzyła się z drugim przeciwnikiem. Poświęcenie skrzydłowego dało DeLongowi czas na odzyskanie inicjatywy. Gonitwa za

leader of the "Checkerboards" (VMF-312), Maj. Frame. Neglecting safety practices, he was shot down west of the communist capital on April 4. The veteran was replaced two days later by Maj. Presley. He too, was eliminated two weeks later by North Korean anti-aircraft gunners.

The day after, April 21, Cap. De Long led four Corsairs on the day's first mission. Right before reaching their target – fortifications to the north of Chinampo – the engine of one of the F4U-4s malfunctioned. In spite of the fact that such incidents were rare, Lt. Godbey had no option but to bail out. De Long left two of the Corsairs over the crash site and called for a rescue helicopter. He then proceeded together with wing man, Lt. Daigh to the target. They weren't able to reach the target or complete their mission, though. De Long was forced to drop his payload when four Yak-9s showed up. Several bullets from the first of them pierced the Corsair's left wing. De Long responded instinctively by dodging, cutting back the throttle and spinning. A moment later he had four machines with red stars slightly above and in front of him. Daigh was shooting at them chaotically. In spite of this, his long salvos proved effective. One of the Yaks began to smoke. Unsteady and losing altitude, it turned back north. The situation repeated itself with a second enemy. The wing man's effort gave De Long time to recover the initiative. They chased down the other two Yaks and turned them into balls of fire. On the way back both victors witnessed the successful finish of the rescue mission and saw that Lt. Godbey returned to the aircraft carrier by helicopter.

In the second half of 1952, jet fighters became the decisive factor in the skies over Korea. There was a considerably increased threat of

F4U-5N lub -5NL nr 97 (BuNo 123190) z dywizjonu VC-4. Wydzielone trzy- lub czterosamolotowe sekcje z VC-4 służyły na wielu amerykańskich lotniskowcach Floty Atlantyku.

F4U-5N (or -5NL) side number 97 (BuNo 123190) of VC-4. The squadron detached three- or four-aircraft flights to serve on many American aircraft carriers of the Atlantic fleet.

Następna wojna Corsaira

dwoma pozostałymi Jakami zakończyła się zestrzeleniem ich w formie efektownych kul ognia. W drodze powrotnej obaj zwycięzcy byli jeszcze świadkami pomyślnego zakończenia akcji ratowniczej, w której wyniku por. Godbey wrócił na lotniskowiec helikopterem.

W drugiej połowie 1952 roku czynnikiem decydującym na koreańskim niebie stały się myśliwce odrzutowe. Znacznie wzrosło zagrożenie spotkaniami Corsairów z MiG-ami. Pełen fałszywych alarmów był początek września. Niejednokrotnie od konfrontacji F4U i MiG-15 dzieliły sekundy. Nie obyło się również bez autentycznych starć. Szczęście do nich mieli myśliwcy z USS „Sicily".

O godzinie 16.10 dnia 10 września kolejna para myśliwsko-bombowych F4U-4B z dywizjonu VMF-312 opuściła pokład lotniskowca. Trzydziestotrzyletni kapitan Jesse Folmar i dziesięć lat od niego młodszy porucznik Will Daniels znajdowali się w łagodnym wznoszeniu na kursie północnym, gdy odebrali pierwszą dyspozycję stacji naprowadzającej: „Do wszystkich patroli. Od wschodu, na 8000 stóp zbliżają się dwa niezidentyfikowane samoloty. Przypuszczalnie bandyci. Przystąpić do przechwycenia!". Głos kontrolera radaru (z widocznego na horyzoncie niszczyciela) był autentycznie podekscytowany. Jak się szybko okazało, Folmar i Daniels znajdowali się w najdogodniejszym położeniu do zastąpienia wrogom drogi. Naprowadzani wskazówkami kontrolera nawiązali wkrótce kontakt wzrokowy z intruzami. Od strony słońca pędziły naprzeciw Amerykanom dwa srebrzyste punkty, które szybko przybrały złowrogie

Corsairs meeting up with MiGs. The beginning of September was filled with false alarms of this type. More than once F4Us and MiG-15s avoided confrontation by a matter of seconds. There were also real encounters between the two planes. The fighters from USS "Sicily" were lucky in their contact with them.

At 16.10h on September 10, another pair of F4U-4B fighter-bombers from VMF-312 took off from the deck of their aircraft carrier. Thirty-year-old Cap. Jesse Folmar and ten years his junior 1st Lt Will Daniels were in a gentle climb heading north when they heard over the radio: "To all patrols. Heading east, at 8,000 feet two unidentified planes are approaching. Presumably bandits. Move to intercept!" The radar man's voice (coming from a destroyer on the horizon) was really excited. As it soon turned out, Folmar and Daniels were in a good position to intercept the enemy. With directions from the radar operator, they soon made eye contact with the intruders. Two silver spots were approaching with the sun behind them. They soon took on an ominous appearance. The shiny bodies of the MiG-15s grew at breathtaking speed. To make matters worse, there were more "winged pipes" approaching. From their maneuvering you could see that they were experienced pilots. Without breaking formation, they efficiently executed turns to quickly seize a convenient attack position and with no effort at all they were soon on the tails of the much slower Americans. The MiGs shooting proved inaccurate, however. Overdeflected, the rounds went

F4U-5N podczas chowania podwozia tuż po starcie z jednego z lotnisk w Korei.

F4U-5N retracting its landing gear moments after take-off from one of Korean airfields.

kształty. Lśniące cielska MiG-15 ogromniały z zawrotną prędkością. Co gorsza, z oddali nadciągało więcej „uskrzydlonych rur". Po ich manewrowaniu można było poznać rutynowanych pilotów. Nie łamiąc szyku, sprawnie wykonali zwroty dla szybkiego zajęcia dogodnej pozycji do ataku. Bez kłopotu znaleźli się po chwili na ogonach dużo wolniejszych Amerykanów. Ogień MiG-ów okazał się jednak niecelny. Strzały oddane z nadmierną poprawką przeszły przed nosami Corsairów. Zarówno one, jak ich prześladowcy zaczęli tymczasem wytracać wysokość, schodząc na 2500 metrów. Jeden z napastników, nie mogąc szybko opanować rozpędzonej maszyny, przeszedł do ataku na Danielsa pomiędzy nim a Folmarem. Wykonał potem skręt w lewo połączony z gwałtownym wznoszeniem. Nieuchronna redukcja prędkości odrzutowca dała Flomarowi szansę powtórzenia manewru wroga i chwycenia go w celownik. MiG, ostrzelany pięciosekundową salwą, przyjął trafienia w lewą stronę kadłuba, który zadymił, by po chwili wypluć z wnętrza katapultowanego pilota w płonącym kombinezonie. Lśniący odrzutowiec runął z 2000 metrów wprost do wody.

Tysiąc metrów wyżej popisywało się już w tym czasie akrobacjami co najmniej sześć MiG-ów. Żaden nie kwapił się wszakże do śmielszej interwencji. Piloci Corsairów, obserwując bacznie przeciwników, doszli do wniosku, że mają szanse na bezpieczny odwrót. Zawracając na południe, pociągnęli jednak za sobą jednego z wrogów. W prawie pionowym ataku uszedł on uwadze Danielsa. Wyrównał na moment za Folmarem, dosięgając go dwoma trafieniami kalibru 37 mm, które wystarczyły, aby odstrzelić część lewego płata i zdeformować resztę. Błyskawiczny atak na tym się zakończył, lecz uszkodzenia Corsaira były wystarczająco poważne, by zmusić pilota do rychłego opuszczenia maszyny na spadochronie. Szczęśliwym

past the Corsairs' noses. Both the chasers and the chased began to lose altitude in the meantime, approaching 2,500 meters. One of the aggressors, unable to quickly master his speeding machine, passed between Daniels and Folmar after the attack. He then turned left sharply and started a steep ascent. The inevitable slowing down of the jet gave Folmar the chance to repeat the enemy's maneuver and lock him in his sights. A five-second salvo tore into the port side of the MiG's fuselage. Smoke appeared and a moment later the pilot catapulted out with his G-suit in flames. The shiny jet fell 2,000 meters to the water.

At least six MiGs were showing off their acrobatic tricks a thousand meters higher. None of them seemed eager, however, to do anything more courageous to intervene. The Corsair pilots, keeping a careful watch on the enemy, decided that they had a chance to make a safe retreat. While turning back south they attracted one of the enemies. In an almost vertical attack he went unnoticed by Daniels. He levelled out for a moment behind Folmar and two 37 mm rounds struck the Corsair. The were enough to

F4U-5N nr 601 (BuNo 124724) lotnictwa Hondurasu Fuerza Aérea Hondurena. FAH otrzymały dziewięć maszyn tej wersji, ale pozbawionych radarów. Samolot nr 601 wziął udział w tzw. „wojnie futbolowej" z Salwadorem w lecie 1969 roku.

F4U-5N side number 601 (BuNo 124724) of the Fuerza Aérea Hondurena (Honduras Air Force). The FAH received nine machines of this variant, albeit sans radars. The aircraft with side number 601 took part in the 'Football War' fought by El Salvador and Honduras in the summer of 1969.

Nocny myśliwiec F4U-5N nr 617 (BuNo ?) z dywizjonu VC-4 podczas startu z pokładu lotniskowca, początek lat pięćdziesiątych.

F4U-5N night fighter side number 617 (BuNo ?) of VC-4 getting airborne off a carrier deck in the early fifties.

Następna wojna Corsaira

Wykorzystywany do prób F4U-5N (BuNo 124493). Dolne powierzchnie kadłuba, stateczników poziomych, centropłata i fragmentów składanych części skrzydeł pomalowane były kolorem żółtym.

This F4U-5N (BuNo 124493) served as a testbed. The undersides of the fuselage, horizontal stabilizers, wing centre-sections and, partially, foldable parts of the wings were painted yellow.

zbiegiem okoliczności lądowanie rozbitka nastąpiło w pobliżu okupowanej przez Marines wyspy Sok-to. Amerykańskie jednostki pływające podjęły pilota z wody w ciągu kilku minut, a kapitan Folmar wrócił do bojowego latania po paru dniach, nadal preferując odbywanie misji w parze ze swoim ulubionym skrzydłowym.

Pomimo pozorów masowego stosowania, utrata każdego z cennych MiG-ów była dla przeciwnika bolesna, zwłaszcza gdy następowała w wyniku pojedynku z „przestarzałymi" Corsairami. Jak by nie było, sukces ten dał im wytchnienie prawie do końca miesiąca. 29 września klucz VMF-312 zaskoczony został przez MiG-i podczas wymiatania nad Chinampo. Błyskawiczny atak od strony słońca zmusił czwórkę Corsairów do gwałtownych uników na niskim pułapie. Znaczna przewaga prędkości podziałała na niekorzyść przeciwnika. F4U mogły wymanewrować go bez kłopotu i powrócić w komplecie na macierzysty lotniskowiec. Zagrożenie Corsairów ze strony MiG-ów będzie odtąd malało, podczas gdy wzrastać będzie całkiem inne niebezpieczeństwo.

Z końcem maja 1953 roku w dowództwie 5. USAAF powstał plan oddelegowania niewielkiej jednostki nocnych Corsairów US Navy do obrony własnych baz przed nękającymi nalotami. Nocne działania wrogich bombowców nie miały co prawda żadnego znaczenia wojskowego, ale conocne hałasy nad alianckimi lotniskami wpływały na obniżenie morale. Był to więc wystarczający powód, by rozważyć metody przeciwdziałania. Zastosowanie nocnych myśliwców o napędzie odrzutowym (F-94 i F4D) nie wchodziło w grę. Powolne bombowce przeciwnika mogły je z łatwością wymanewrować. Pozostawał zatem tylko jeden środek zaradczy – F4U-5N. Dwa myśliwce tego typu pilotowane

shoot off part of the port wing and deform the rest. His rapid attack was finished, but the damage to the Corsair was sufficiently serious to force the pilot to bail out. By a lucky coincidence the pilot landed near the Marine-occupied island of Sok-to. American boats fished the pilot out of the water within a short time and Captain Folmar returned to flight duty a few days later. He still preferred going on missions with his wing man.

In spite of the fact that it seemed like the enemy had a large number of MiGs at hand, each loss of one of these expensive machines was a painful experience, especially as the result of a duel with such an "obsolete" opponent as the Corsair. One way or the other, this success gave the Corsair pilots a break till the end of the month. On September 29, VMF-312 was taken by surprise by MiGs during sweeps over Chinampo. A rapid attack from the direction of the sun forced four Corsairs to carry out evasive maneuvers at a dangerously low altitude. The enemy's considerably greater speed worked to his disadvantage. The F4Us could outmaneuver him without trouble and they all returned to their carrier. From this point the MiG would cease to be such a large threat to the Corsair, but a completely different threat would develop.

Towards the end of May, 1953, 5 USAAF Command came up with a plan to assign a small squadron of US Navy Corsair night fighters to the defense of Navy bases against repeated attacks. The night raids by enemy bombers had no real military effect, but the noise over the allied airfields was wearing down morale. This was sufficient reason to consider methods of counteraction. The use of jet powered night fighters (F-94 and F4D) was not an option since the slow enemy bombers could easily outmaneuver them. The only option left was the F4U-5N.

przez kapitana Guya Bordelona i porucznika Ralpha Hopsona z VC-3 opuściły 25 czerwca lotniskowiec „Princeton". Ich nową bazą stał się podseulski Pyongtaek. Do obowiązków pilotów należeć miało patrolowanie całej linii frontu we współdziałaniu ze wskazaniami sieci radarowej USAAF. Zaskoczenie komunistycznych rajderów powiodło się doskonale, a sukcesy nadeszły niemal natychmiast. W dniach 29 czerwca – 19 lipca, „Lucky Pierre" Bordelon zgłosił ich aż pięć. Wszystkie zostały następnie potwierdzone, choć dokładna identyfikacja ofiar do dziś budzi kontrowersje. W zależności od źródła, nieprzyjacielskie samoloty identyfikowane są jako Ławoczkiny i Jaki rozmaitych wersji. Nie zmienia to faktu, iż nocne triumfy Guya Bordelona uczyniły z niego jedynego corsairowego asa dobiegającej właśnie końca wojny koreańskiej. W trakcie jej trwania piloci siedmiu dywizjonów USMC (i dwudziestu ośmiu dywizjonów USN) zgłosili na Corsairach łącznie dziesięć zwycięstw powietrznych. Zanim zdziwi nas tak niska liczba, pamiętajmy, że wyłącznym celem operacji F4U nad Koreą były zadania taktyczne. W sumie, były w nie zaangażowane następujące dywizjony Corsairów USMC: VMF-214 (w Korei od czerwca 1950 roku do listopada 1951 roku), VMJ-1[5] (od marca 1952 roku do końca działań),

Two of these fighters, piloted by Lt Guy Bordelon and Lt(jg))Ralph Hopson from VC-3 left the aircraft carrier "Princeton" on June 25. Their new base became Pyongtaek near Seoul. Their job was to patrol the entire front based on instructions from the USAAF radar network. It worked perfectly to surprise the communist attackers and was immediately successful. From June 29 – July 19 "Lucky Pierre" Bordelon claimed five kills, all of them confirmed, although the exact identification of the victims sparks controversy to this day. Depending on the source, the enemy planes are either identified as various Lavotchkins or Yaks. This doesn't change the fact that Guy Bordelon's night victories made him the only Corsair ace of the Korean war. For the duration of the war the pilots of seven USMC squadrons (and 28 USN squadrons) flying Corsairs claimed a total of ten aerial victories. If that number seems surprisingly low, it's important to remember that the sole aim of F4U operations over Korea was to perform tactical strikes.

The following USMC Corsair squadrons flew over Korea: VMF-214 (June 1950 – to Nov. 1951), VMJ-1[5] (Mar. 1952 – to the end of the conflict), VMF-311 (Nov. 1950 – to the end of the conflict), VMF/VMA-312 (Aug. 1950 – June

F4U-5N (BuNo ?) z dywizjonu VC-3 na pokładzie lotniskowca podczas wojny koreańskiej. Bardzo popularnym zwyczajem w owym czasie było malowanie przez obsługę pokładową rozmaitych (czasem złośliwych) napisów na samolotach, które wylądowały nie na swoim lotniskowcu. Po powrocie na macierzysty okręt owo graffiti od razu zdradzało, że pilot zaliczył lądowanie na „obcym" lotniskowcu.

F4U-5N (BuNo ?) assigned to VC-3 aboard a carrier during the Korean War. It was a popular tradition of those times for deck crews to scribble various (sometimes malicious) remarks all over the aircraft which were forced to land aboard a carrier other than their own. As soon as the machine was returned home, such graffiti instantly betrayed the pilot's unscheduled visit to another ship.

---

[5] Jedyna w Korei używająca Corsairów (F4U-5P) jednostka rozpoznawcza USMC.

[5] The only USMC reconnaissance squadron in Korea to use the F4U-5Ps.

VMF-311 (od listopada 1950 roku do końca działań), VMF/VMA-312 (od sierpnia 1950 roku do czerwca 1951 roku), VMF/VMA-323 (od czerwca 1950 roku do końca działań), VMA-332 (od maja 1953 roku do końca działań), VMF(N)-513 (od lipca 1950 roku do końca działań). Wszystkie te jednostki (z wyjątkiem VMJ-1 – patrz przypis 5) wyposażone były w Corsairy wersji: F4U-4 i F4U-4B. Jedynym użytkownikiem Corsairów AU-1 był VMF/VMA-323, zaś jedynym użytkownikiem F4U-5N i F4U-5NL pozostawał przez cały czas konfliktu VMF(N)-513.

Podpisane 27 lipca 1953 roku zawieszenie broni było początkiem końca służby amerykańskich Corsairów. W styczniu 1954 roku pozostawały na wyposażeniu zaledwie siedmiu dywizjonów USN i trzech USMC. Po upływie kolejnego roku F4U używały już tylko dwa dywizjony USN. Ostatnim amerykańskim użytkownikiem Corsaira został dywizjon VC-4, pozbywając się ich ostatecznie z początkiem 1956 roku, a nieliczne egzemplarze przetrwały w szkolnictwie lotniczym do połowy roku następnego.

Długa droga do Tegucigalpy

Na początku lat pięćdziesiątych piloci francuskiego Aeronavale mieli dość latania na samolotach pochodzących z wojennych remanentów. Zorientowani w tych nastrojach i przekonani o ważności francuskich sojuszników Amerykanie postanowili zaradzić problemowi. Propozycja przekazania francuskiej marynarce wojennej fabrycznie nowych Corsairów F4U-7 spotkała się z przychylnym przyjęciem. Jesienią 1952 roku sojuszniczy piloci przeszli trening zapoznawczy na nowym sprzęcie. Wprost stamtąd odebrano wkrótce pełną dostawę dziewięćdziesięciu czterech obiecanych maszyn. W osiągach i trwałości biły one na głowę odchodzące do rezerwy francuskie Hellcaty i Seafire'y.

Wiosną 1954 roku jako pierwsza użyła Corsairów operacyjnie bazująca w Tunezji 14. Flotylla Aeronavale. Personelowi jednostki nie dane było jednak służyć długo w tak idyllicznym otoczeniu. Pozostawiając samoloty, piloci i mechanicy flotylli przeniesieni zostali jeszcze w maju tego samego roku do środkowego Wietnamu. W samo centrum trwającej tam kolonialnej wojny. Aby nie tracić czasu na przeszkolenie na innym sprzęcie, jednostkę postanowiono wyposażyć w dwadzieścia pięć Corsairów AU-1 pożyczonych od USMC. Na dostarczonych błyskawicznie z Filipin maszynach 14. Flotylla rozpoczęła przed końcem miesiąca loty bojowe. Początkowo z Da Nang, a następnie z położonego pod Hanoi lotniska Bah Mai. Misje o charakterze szturmowym wykonywano najczęściej nad okolicami obleżonego Dien Bien Phu. Wsparcie broniących bazy francuskich oddziałów spado-

1951), VMF/VMA-323 (June 1950 – to the end of the conflict), VMA-332 (May 1953 – to the end of the conflict), VMF(N)-513 (July 1950 – to the end of the conflict).

All these squadrons (excluding VMJ-1) were equipped with F4U-4 and F4U-4B Corsairs.

The only squadron to use the Corsair AU-1 was VMF/VMA-323, while the only one to use the F4U-5N and F4U-5NL throughout the conflict was VMF(N)-513.

The ceasefire, signed July 27, 1953, was the beginning of the end of the Corsair in American service. In January, 1954 they were in active duty with just seven USN squadrons and three USMC. One year later, the F4U was used by only two USN squadrons. The last American Corsair squadron was VC-4 which used them until early 1956. A small number survived in flight training schools for the next six months.

It's a Long Way to Tegucigalpa

At the beginning of the 1950s the pilots of the French Aeronavale were sick of flying planes left over from the war. Understanding the mood and convinced of the importance of their French allies, the Americans decided to remedy the problem. A proposal to deliver factory new F4U-7 Corsairs to the French navy was gladly accepted. The allied pilots underwent orientation training on the new equipment in Autumn, 1952. Shortly after training they took full delivery of the ninety-four promised machines. Performance wise and mechanically they were much superior to the French Hellcats and Seafires that were being reassigned to reserve duty.

In Spring, 1954, 14 Flotille Aeronavale, based in Tunisia became the first unit to use Corsairs operationally. The unit's personnel didn't get to serve for very long in such idyllic conditions, though. Leaving the planes behind, the pilots and mechanics of 14 Flotille were transferred to central Vietnam that May, into the heart of an ongoing colonial war. In order not to lose time on retraining on other equipment, the decision was made to borrow 25 AU-1 Corsairs from the USMC. The planes were delivered quickly and 14 Flotille was flying combat missions by the end of the month – at first from Da Nang, then from the airfield at Bah Mai near Hanoi. They mostly flew ground attack missions near the besieged village of Dien Bien Phu. Providing cover to French paratroopers was a difficult assignment considering the thick saturation of enemy anti-aircraft weapons. The fact that they were taking part in the last phase of a doomed campaign didn't help to raise the morale of the French pilots. It soon ended with the victory of the communist Viet Minh and the surrender of the colonial garrison. The war

It's a Long Way to Tegucigalpa

Zasypane śniegiem F4U-5N lub -5NL w zrujnowanym hangarze w Korei.

F4U-5N (or -5NL) capped with snow in a wrecked hangar somewhere in Korea.

Długa droga do Tegucigalpy

Corsairy F4U-4B i F4U-5N (lub -5NL) podczas obsługi w zrujnowanym hangarze w Korei.

Corsairs F4U-4B and F4U-5N (or -5NL) serviced in a ruined hangar in Korea.

chronowych nie należało do zadań łatwych, wziąwszy pod uwagę gęste nasycenie nieprzyjacielskich pozycji bronią przeciwlotniczą. Na poprawę morale pilotów 14F nie mógł też wpłynąć fakt, iż brali udział w ostatniej fazie skazanej na niepowodzenie kampanii, zakończonej wkrótce zwycięstwem sił komunistycznego Viet Minh i kapitulacją kolonialnego garnizonu. Przemiesz-

shifted to the south and lasted another three months, ending in a ceasefire agreement and the partitioning of the country (like in Korea) into a communist North and a democratic South.

In operations over Vietnam, Corsairs from 14 Flotille flew 1,422 sorties. They used a total of 850 HVAR rockets, 1,567 tons of bombs and

It's a Long Way to Tegucigalpa

F4U Corsair

61

Długa droga do Tegucigalpy

Sylwetkowe zdjęcie F4U-5NL nr 65 (BuNo 124672) z dywizjonu VC-4. Pod kabiną namalowane nazwisko pilota – Lt. J. Creasman.

A fine study of F4U-5NL side number 65 (BuNo 124672) assigned to VC-4. stencilled under cockpit is pilot's name: Lt. J. Creasman.

Przeznaczony do zadań rozpoznania fotograficznego jeden z trzydziestu zbudowanych F4U-5P (BuNo 122046). Ta wersja różniła się od standardowej F4U-5 możliwością instalacji trzech kamer w tylnej części kadłuba (po bokach i u dołu – ich okna zakryto odsuwanymi osłonami) oraz „łezkowatą" osłoną busoli odległościowej na stateczniku pionowym.

BuNo 122046, one of thirty photo-reconnaissance F4U-4Ps. This variant is recognisable from the standard F4U-5 by three camera ports with sliding doors, located under and on the sides of the aft fuselage, as well as by the radio compass in teardrop-shaped fairing mounted on the tailfin.

czające się na południe działania wojenne potrwały jeszcze trzy miesiące, dobiegając kresu w postaci zawieszenia broni i podziału (wzorem Korei) na komunistyczną Północ i demokratyczne Południe.

W operacjach nad Wietnamem Corsairy 14. Flotylli odbyły 1422 samolotoloty. Zużyły w ich trakcie 850 rakiet HVAR, 1567 ton bomb oraz 130 tysięcy sztuk amunicji do broni pokładowej. Za sprawą przeciwlotników utracono dwóch pilotów i sześć AU-1. Pozostałe dziewiętnaście Corsairów zwrócono w drugiej połowie 1954 roku prawowitym właścicielom, tzn. amerykańskiej Marine Air Group w bazie Clark na Filipinach. Kilka spośród tych AU-1[6] zostało wówczas poddanych remontom kapitalnym, a następnie odsprzedanych Aeronavale.

Dokładnie rok po upadku Indochin 14. Flotylla znalazła się ponownie w Tunezji. Dołączyła

[6] Prawdopodobnie cztery AU-1.

130,000 rounds of ammunition. Two pilots and six AU-1s were lost to anti-aircraft gunners. The remaining nineteen Corsairs were returned in the second half of 1954 year to their owners, i.e. the American Marine Air Group at Clark Air Base in the Philippines. A number of these AU-1s[6] were given complete overhauls and resold to Aeronavale.

Exactly one year after the fall of Indo-China, 14 Flotille returned to Tunisia. They joined Flotilles 12F, 15F and 17F in operations over Algeria. The Corsair attacks against Arab insurgents were as successful as those in Vietnam. In spite of pilot sacrifice and the reliability of the Corsairs, the well-known minuses of a long-term campaign against an insurgent army were starkly exposed in Algeria. The determination of the airmen would again be wasted, with the situation ending as it did.

[6] Probably four Au-1s.

It's a Long Way to Tegucigalpa

F4U-5NL nr 5 (BuNo ?) z dywizjonu myśliwców nocnych VMF(N)-513 „Flying Nightmares" lotnictwa USMC na lotnisku Kunsan w Korei w 1952 roku. Nad wylotem rur wydechowych widać płytę zapobiegającą oślepianiu pilota ogniem z tychże rur. Zwracają uwagę typowe tylko dla tej wersji tłumiki ognia T-20 na wylotach luf działek.

F4U-5NL side number 5 (BuNo ?) of night fighter outfit VMF(N)-513 'Flying Nightmares' USMC at Kunsan airbase, Korea, 1952. Note the exhaust shroud, mounted to prevent impairing the pilot's night-vision, and 20 mm cannon flash suppressors.

na tamtejszych lotniskach do operujących nad Algierią flotylli: 12. F, 15. F i 17. F. Szturmowe działania Corsairów wymierzone przeciw arabskim powstańcom, przypominały w swej nieskuteczności dopiero co opuszczony Wietnam. Pomimo poświecenia pilotów i niezawodności Corsairów znane minusy długoletniej kampanii antypartyzanckiej wyszły w Algierii na jaw w całej rozciągłości. Determinacja lotników ponownie miała pójść na marne ze znanym już dobrze finałem.

Kolejnym bliskowschodnim wystąpieniem francuskich Corsairów stał się niebawem ich udział w interwencji sueskiej. Podjęta w październiku 1956 roku izraelska ofensywa przeciw Egiptowi spotkała się z poparciem Francji i Wielkiej Brytanii, w tym także lotnictwa pokładowego tych krajów. Wśród biorących udział w operacji „Musketeer" samolotów z trzech brytyjskich i dwóch francuskich lotniskowców znalazło się osiemnaście F4U-7 z 14. Flotylli i tyleż z 15. Flotylli. W sumie obie jednostki złożyły się na

The next appearance of French Corsairs in the Middle East came during their participation in the Suez intervention. The Israeli offensive against Egypt which started in October, 1956 met with the support of France and Great Britain which both sent aircraft carriers. Among the planes taking part in operation "Musketeer" on three British and two French aircraft carriers were eighteen F4U-7s from 14 Flotille and another eighteen from 15 Flotille. Together, the two Flotilles made up 25% of the carrier fighters taking part in the action.

Israel's allies began carrier based operations on November 1. Bomb carrying Corsairs from the carrier "Arromanches" conducted sweeps over the enemy coast, only sporadically venturing inland, and even then not farther than the Cairo-Gizeh line. Besides raiding and shooting storehouses and port complexes, within the first two days of activities an Egyptian torpedo boat was sunk. No Allied losses were incurred.

Ten sam egzemplarz F4U-5NL nr 5 z dywizjonu VMF(N)-513. Samolot w jednolitym czarnym matowym malowaniu z czerwonymi numerami i literami kodowymi.

The same F4U-5NL side number 5 of VMF(N)-513. The aircraft in overall Matte Black finish, with code letters and tactical numbers in red.

F4U Corsair — 63

Jeden z pierwszych seryjnych AU-1 w barwach USMC przed dostarczeniem do jednostki. Widać kilka charakterystycznych cech tej wersji, m.in. brak wlotów powietrza na osłonie silnika, uzbrojenie złożone z czterech działek kal. 20 mm, po pięć pylonów pod składanymi częściami skrzydeł.

On of the first AU-1s in service with the U.S. Marines, prior to its delivery to a unit. Several distinctive features are noteworthy: lack of chin air scoop, four wing-mounted 20mm cannons and five ordnance pylons, attached under foldable parts of each wing.

jedną czwartą wszystkich szykowanych do akcji maszyn pokładowych.

Operacje lotnictwa pokładowego państw sprzymierzonych z Izraelem rozpoczęły się na dobre 1 listopada. Uzbrojone w bomby Corsairy podjęły z pokładu lotniskowca „Arromanches" wymiatania nad nieprzyjacielskim wybrzeżem, tylko sporadycznie zapuszczając się w głąb lądu, nie dalej niż po linie Kair-Gizeh. Wynikiem pierwszych dwóch dni działań, poza zbombardowaniem i ostrzeliwaniem magazynów oraz instalacji portowych, było zatopienie egipskiego kutra torpedowego. Strat własnych nie odnotowano. Cztery pozostałe dni konfliktu, aż do sponsorowanego przez ONZ przerwania ognia, przebiegły pod znakiem podobnych działań. Zawieszenie broni z dnia 7 listopada oznaczało koniec ostatniego wystąpienia bojowego Corsairów Aeronavale. W jego trakcie utracono dwa F4U-7 i jednego pilota. Jeden z Corsairów 15F po uszkodzeniu ogniem przeciwlotniczym uległ zniszczeniu podczas nieudanej próby przymusowego lądowania. Inny, po zestrzeleniu przez kairską opl., pogrzebał w swoich szczątkach dowódcę 14. Flotylli. Ponadto parę Corsairów odniosło lżejsze uszkodzenia. Wycofanie francuskich lotniskowców z pobliża kanału sueskiego równało się przesunięciu Corsairów do roli treningowej. Myśliwiec przetrwać miał w niej przez następne osiem lat, ustępując dominacji pokładowych odrzutowców dopiero w roku 1964 roku.

W tym samym czasie podobną rolę spełniały Corsairy w siłach zbrojnych kilku państw południowoamerykańskich: Argentyny, Salwadoru i Hondurasu. Pierwszy z tych krajów stosował swoje pokładowe i lądowe F4U-5 w latach 1958-1965 w roli czysto pokojowej, a można nawet powiedzieć – prawie wyłącznie treningowej.

Z dwoma pozostałymi latynoskimi użytkownikami sprawa nie była taka prosta. W latach 1956-1961 z zapasów amerykańskiej ANG (Air National Guard) w Arizonie, dostarczono Hondurasowi dziesięć F4U-5 i osiem F4U-4.

Similar missions were carried out during the four remaining days of conflict until a UN ceasefire came into effect. The ceasefire on November 7 signified the last combat role for the Aeronavale Corsairs. During the conflict they had lost two F4U-7s and one pilot. One of the Corsairs from 15F after suffering damage from anti-aircraft fire was destroyed during an unsuccessful attempt to make a forced landing. Another, shot down by Cairo's flak, buried the commander of 14 Flotille in its debris. In addition, several Corsairs suffered light damage. The pulling out of French aircraft carriers from the Suez Canal region would mark the relegation of Corsairs to a training role. The fighter would remain in that role for the next eight years, finally forced to retire by the domination of jet-engine carrier-based planes in 1964.

At the same time Corsairs were used in similar roles by the armed forces of several South American states: Argentina, El Salvador and Honduras. The first of these countries used its shipboard and land-based F4U-5s from 1958-1965 in a purely peaceful role – they were used almost exclusively for training.

For the other two Latin American users the matter was not so simple. Between 1956-1961 ten F4U-5s and eight F4U-4s from the ANG (Air National Guard) in Arizona were delivered to Honduras. All eighteen Corsairs were permanently stationed at the main air force base in Tegucigalpa. One year after Honduras, fifteen FG-1s were acquired by neighboring El Salvador. The fighters supplemented the F-51 Mustangs already owned by El Salvador. The tensions which had been growing for many years between the neighbors came to a head in July of 1969. The direct cause of the conflict was a fight that broke out at a soccer game between the two countries.

In the evening of July 11 the air forces of both countries were put into a state of elevated readiness. The Corsair squadron pilots at Tegucigalpa were impatient for a conflict with the

Wszystkie osiemnaście Corsairów stacjonowało odtąd w głównej bazie lotniczej w Tegucigalpa. Rok po Hondurasie w posiadanie piętnastu FG-1 wszedł graniczący z nim Salwador. Myśliwce uzupełniły posiadane dotychczas przez ten kraj F-51 Mustangi. Narastające od lat napięcia między sąsiadami, znalazły ujście w lipcu 1969 roku. Bezpośrednim powodem wybuchu konfliktu stała się bijatyka kibiców na międzypaństwowym meczu. Wieczorem 11 lipca siły lotnicze obu krajów postawiono w stan podwyższonej gotowości. Piloci eskadry Corsairów broniącej Tegucigalpy nie mogli doczekać się konfrontacji z przeciwnikiem. Jednak przez pierwsze czterdzieści osiem godzin wojny niebo nad stolicą pozostało czyste. Późnym popołudniem 14 lipca większość pilotów skierowana została... do domów na krótką przepustkę, „by spakować rzeczy na wypadek, gdyby wojna miała potrwać dłużej". Pech chciał, że właśnie wtedy Tegucigalpę zaskoczył pierwszy nalot. Mimo iż improwizowany za pomocą samotnego salwadorskiego C-47, atak ten napędził personelowi bazy prawdziwego stracha. Zanim godzinę później F4U-4 zdążyły podjąć spóźnioną próbę przechwycenia napastnika, ten zniknął w ciemnościach. Po bezowocnym pościgu w zapadającym mroku, Corsairy zmuszone były powrócić do domu. Przyziemienie na pasie zupełnie nie przygotowanym do nocnych lądowań obyło się na szczęście bez incydentów.

Rankiem 15 lipca ósemka myśliwców z Tegucigalpy szykowana była do działań w pełnym składzie. W czasie gdy obwieszone bombami i rakietami Corsairy wyruszyły na wymiatanie nad frontem, ich baza ponownie stała się celem zaskakującego nalotu salwadorskiego FG-1 i towarzyszących mu dwóch F-51. Po zrzuceniu sześciu 100-funtowych bomb, napastnicy przystąpili do ostrzeliwania z broni pokładowej portu lotniczego i sąsiadujących budynków. W tym momencie nastąpiła interwencja obrońców. Jednego F4U-5 i jednego T-28. To właśnie ta treningowa maszyna trafiła celną salwą salwadorskiego Corsaira. Mimo to zdołał on ujść – dymiąc obficie.

Pozostałe honduraskie F4U-5 zaangażowane były tymczasem w atak na Acajutla. Ugodzenie tego ważnego centrum portowo-przemysłowego położonego przy granicy z Gwatemalą, kosztowało eskadrę kapitana Mendozy utratę jednego Corsaira. F4U-5 uszkodzony przez opl., zmuszony był do lądowania w Gwatemali. Maszyna i jej pilot zostali zwolnieni z internowania dopiero po zakończeniu działań wojennych.

Nazajutrz, 17 lipca, patrolująca para F4U-4 zaskoczyła daleko na wrogim zapleczu konwój przewożących salwadorską piechotę ciężarówek i autobusów. Piloci Corsairów meldowali zniszczenie za pomocą bomb i rakiet ponad trzydziestu pojazdów.

enemy. However, for the first 48 hours of the war the skies over the capital of Honduras remained empty. In the late afternoon of July 14 most of the pilots were ordered... to go home on short-term leave "to pack their things in case the war dragged out." As luck would have it, that was exactly the moment when the first air raid took Tegucigalpa by surprise. In spite of the fact that it was carried out by a lonely Salvadoran C-47, the attack caused a real scare among personnel at the base. One hour later F4U-4s attempted to intercept the aggressor but by that time he had disappeared in the dark. After a wild goose chase in the growing darkness, the Corsairs were forced to return home. Their landing, on an airstrip which was completely unprepared for night landings, was fortunately without incident.

On the morning of July 15 all eight fighters from Tegucigalpa were ready for action. While the fully armed Corsairs left to conduct patrols over the front, their base became the target of another surprise attack by a Salvadoran FG-1 and two F-51s. After dropping six 100-pound bombs, the aggressors strafed the airport and surrounding buildings, at which point the defenders retaliated with one F4U-5 and one T-28. It was this training plane whose well-aimed salvo struck the Salvadoran Corsair. Nonetheless, he managed to escape, leaving a thick trail of smoke behind.

The remaining Honduran F4U-5s were busy at that time attacking Acajutla. The strike on this important port/industrial center situated on the Guatemalan border cost Captain Mendoza's flight the loss of one Corsair. The F4U-5, damaged by AA, was forced to land in Guatemala. Both the plane and its pilot were freed when hostilities ended.

The day after (July 17), a pair of F4U-4s on patrol surprised a convoy of trucks and buses transporting Salvadoran infantry. The Corsair pilots reported destroying over thirty vehicles with bombs and rockets.

Captain Fernando Soto led two other F4U-5s on a morning patrol over Tegucigalpa on July 17. Their designated sector of the front was crawling with ground targets. Right after they opened fire, a firing system malfunction eliminated one of his wing men from the action. Captain Soto instructed him to climb to a higher altitude for the remainder of the mission. Continuing the strike with his second wingman, Soto soon heard a call for help over the radio. The pilot of the defenceless Corsair notified him that he was being attacked by a couple of Salvadoran Mustangs. The other two Corsairs came to the immediate aid of their comrade. The two F-51s were completely taken by surprise. After Captain Soto fired his first salvo, the Mustangs divided to execute evasive maneuvers in different directions. The Captain went after the plane that turned to starboard. Without difficulty he closed in on his opponent while they made a sharp turn. He lined the enemy up in his sights and opened fire with his four cannon. The salvo almost missed, but several hits to the center of the port wing sufficed to completely demolish it. From an altitude of about three hundred meters, the mad spinning of the wreck lasted ten or twenty seconds. The Mustang crashed into the virgin jungle, taking the pilot with it. The second F-51 disappeared during that time without a trace.

The second mission that day took place in the evening. It was another assignment for Captains Soto and Acosta. Heavy with bombs, the F4U-5s headed for their target – this time a power station at San Miguel – when they spotted a Salvadoran FG-1. Without wasting time the Hondurans rid themselves of their load and began a sharp climb. In a short while, after crossing the enemy's path, they had a few hundred meters advantage in altitude. The inexperienced Salvadorans were taken by surprise. Fernando Soto had no difficulties getting on the tail of the first fighter. A few 20 mm rounds were enough to cause bright flames to leap out of the white and blue FG-1. The pilot had time to bail out.

The second opponent reacted much more energetically. Instead of trying to escape – he attacked. When the F4U circled near him, he closed in and began his chase. He let loose from his cannon, but inaccurately. The opponents then began neck breaking acrobatic maneuvers over the mountainous scenery. In the end, Fernando Soto came out the victor. The FG-1 exploded as it went down taking the pilot along with it. Steering homewards, the navy blue Corsair passed by the Salvadoran pilot as he parachuted down. He tipped his wings as a sign of

It's a Long Way to Tegucigalpa

Szturmowy Corsair AU-1 nr 18 z dywizjonu VMA-323 „Death Rattlers" lotnictwa USMC w Korei. AU-1 był ostatnią wersją Corsaira budowaną na potrzeby lotnictwa morskiego USA. Na zaczepach pod skrzydłami sześć bomb 250-funtowych, jedna 500-funtowa i jedna 1000-funtowa.

Corsair AU-1, a dedicated ground attack version. This machine with side number 18 was assigned to U.S. Marines VMA-323 'Death Rattlers' in Korea. The AU-1 was the last variant built on order of the U.S. Navy. Hung on underwing pylons are six 250-lb bombs, one 500-lb and one 1000-pounder.

F4U Corsair

Malowanie i oznakowanie

niem. Dopiero po triumfalnym powrocie do Tegucigalpy, kapitan Soto dowiedział się od Acosty, iż ten nie mógł przyjść mu z pomocą, gdyż nieco dalej na zachód związany był nierozstrzygniętą walką z innymi salwadorskimi FG-1.

Przez pozostałe dwa dni konfliktu obie eskadry honduraskich Corsairów zdążyły wykonać już niewiele zadań bojowych. Bez wyjątku należały one do typu taktycznego i pozbawione były zupełnie okazji do powietrznych starć. Powrót Corsairów do macierzystej bazy wieczorem 19 lipca 1969 roku zakończył ostatni patrol bojowy. Tak wyglądał finał wojennej kariery legendarnego myśliwca. F4U pozostały jeszcze co prawda w służbie przez dalsze dziewięć lat, ale już tylko w roli sprzętu „przejściowego". Służącego do czasu przesiadki Lotnictwa Wojskowego Hondurasu na odrzutowe F-86 Sabre. Honduranie będący ostatnim z sześciu zagranicznych użytkowników „Nieśmiertelnego Corsaira", pozbyli się swoich F4U niemal dokładnie w trzydziestą ósmą rocznicę oblotu ich prototypu. Długa droga ze Stratford do Tegucigalpy dobiegła kresu, niknąc we mgle historii.

friendship and disappeared into the rays of the setting sun. His victim repaid him with a friendly wave. It was only after his triumphal return to Tegucigalpa that Captain Soto found out from Acosta that he couldn't assist him because a little farther to the west he was busy fighting another Salvadoran FG-1.

For the remaining two days of the conflict the two flights of Honduran Corsairs had little opportunity to take part in combat missions. Without exception the missions were all tactical and offered no opportunity for aerial combat. The Corsairs' return to their home base on the evening of July 19, 1969 marked the end of their last combat patrol, and the end of the war career of the legendary fighter. The F4U remained on duty for another nine years, but only as "intermediate equipment" until the Honduran Air Force settled on the F-86 Sabre. The Hondurans, the last of six foreign users of the "Immortal Corsair," got rid of their F4Us almost exactly thirty-eight years after the first prototype was flown. The long road from Stratford to Tegucigalpa had reached an end, to disappear into the mists of time.

Malowanie i oznakowanie

Powtórne pojawienie się Corsairów na pokładach amerykańskich lotniskowców, mające miejsce pod koniec 1944 roku, nastąpiło wkrótce po ostatniej zmianie kamuflażu i oznakowań USMC i USN. Wprowadzona w życie rozkazem z dnia 13 marca 1944 roku Specyfikacja SR-2d nakazywała pokrywanie wszystkich samolotów

Camouflage and markings

The second appearance of Corsairs on the decks of American aircraft carriers in the latter part of 1944 came soon after the last change of camouflage and markings in the USMC and USN. Ordered into effect on April 13, 1944, Specification SR-2d ordered the painting of all USMC and USN carrier-based planes in a single-

AU-1 nr 380 (BuNo 129380) w bazie MCAS Quantico w Wirginii. Doskonale widać pięć pylonów na uzbrojenie na dolnej powierzchni składanej części skrzydła.

AU-1 side number 380 (BuNo 129380) at MCAS Quantico, Virginia. This shot offers a good view on the five underwing ordnance pylons.

Camouflage and markings

pokładowych USMC i USN jednokolorowym kamuflażem o barwie granatowej i fakturze błyszczącej – ANA623 Glossy Sea Blue (FS15042). Kamuflaż ten utrzymać się miał długo po zakończeniu działań wojennych, a w odniesieniu do Corsairów, z niewielkimi wyjątkami (Salwador – jasnoszary, Argentyna – ciemnobłękitny) przetrwać miał do końca ich kariery bez względu na użytkownika.

Wprowadzony w lutym 1955 roku nowy, dwukolorowy kamuflaż USN/USMC (powierzchnie górne – ANA620 Non-Specular Light Gull Gray; dolne – ANA511 Glossy Insignia White) zastosowano do ostatnich amerykańskich Corsairów tylko w bardzo nielicznych przypadkach.

Wewnętrzne powierzchnie kadłuba, w tym również kabiny, wewnętrzne powierzchnie ramy wiatrochronu, osłony silnika i luków podwozia pokrywano barwą zieloną o fakturze matowej – ANA611 Non-Specular Interior Green (FS34151). Tablice przyrządów, panele kontrolne i inne elementy wyposażenia kabiny malowano kolorem czarnym o fakturze półmatowej – ANA514 Semigloss Instrument Black (FS27038).

Łopaty śmigła kryto po obu stronach barwą czarną o fakturze matowej – ANA604 (jak wyżej), z wyjątkiem końcówek w kolorze pomarańczowym – ANA508 Glossy International Orange (FS12191) lub żółtopomarańczowym – ANA504 Glossy Orange-Yellow (FS13358).

W dziedzinie oznakowań przynależności państwowej i oznakowań taktycznych pod koniec 1944 roku zainicjowano nanoszenie ich w formie jednobarwnej koloru Glossy Insignia White. Ostateczną zmianą, jaka w dziedzinie znaków przynależności państwowej dotyczyła Corsairów, było uzupełnienie (na mocy zarządzenia z dnia 15 maja 1947 roku) bocznych białych belek czerwonymi pasami.

Nanoszone wyżej wymienionym rodzajem koloru białego (Glossy Insignia White) oznaczenia color dark blue, shiny scheme – ANA 623 Glossy Sea Blue (FS15042). This camouflage would remain in use even after the end of the war and Corsairs, with few exceptions (El Salvador – light gray, Argentina – dark blue), would use these colors throughout their career regardless of the owners.

A new bicolor camouflage introduced in February, 1955, by USN/USMC (upper surfaces – ANA 620 Non-Specular Light Gull Gray; lower surfaces – ANA 511 Glossy Insignia White) was used on a very few of the last American Corsairs.

Fuselage interior surfaces, including the cockpit, internal surfaces of the wind-screen, cowl and landing gear bays were painted ANA 611 Non-Specular Interior Green (FS34151). Instrument and control panels and other cockpit elements were painted ANA 514 Semigloss Instrument Black (FS27038).

F4U-7 był ostatnią produkowaną seryjnie wersją Corsaira – dziewięćdziesiąt cztery zbudowane samoloty dostarczono francuskiemu lotnictwu morskiemu Aéronavale. Na zdjęciu egzemplarz BuNo 133693.

The F4U-7 was the last serial production variant, built exclusively (94 aircraft) for use by French Navy. Seen here is BuNo 133693.

Malowanie i oznakowanie

Odrestaurowany F4U-7 nr 22 (BuNo 133722) w barwach Flottille 15F francuskiego lotnictwa morskiego Aéronavale z oznakowaniem stosowanym w okresie kryzysu sueskiego w 1956 roku.

Restored F4U-7 side number 22 (BuNo 133722) in the markings of Flottille 15F Aéronavale. Such markings were in use during the Suez Crisis in 1956.

taktyczne przyjęły jednocześnie formę „Symboli G". Znaków geometrycznych (dnia 27 stycznia 1945 roku wprowadzono oficjalnie dwadzieścia siedem znaków) identyfikujących grupy lotnicze macierzystych lotniskowców. Symbole G nanoszono po obu stronach stateczników pionowych oraz na górze prawej i dole lewej lotki samolotu.

Corsairy przekazywane brytyjskiemu FAA malowane były produkowanymi w USA odpowiednikami farb brytyjskich. Na powierzchniach górnych samoloty pokrywały nieregularne plamy w kolorach: ciemnoszarym ANA603 Sea Grey (FS36118) oraz oliwkowozielonym ANA613 Olive Drab (FS34087). Powierzchnie dolne maszyn z początkowych dostaw (Corsair Mk I i II) pokrywane były barwą błękitnoszarą ANA610 Sky Grey (FS34424), a następnie jasnoszarą ANA602 Light Grey (FS36440).

Wraz z przystąpieniem Brytyjskiej Floty Indii Wschodnich oraz BPF do działań ofensywnych na Dalekim Wschodzie, amerykański producent zrezygnował z pracochłonnego przemalowywania Corsairów FAA. Od początku 1945 roku nosiły jednobarwny kamuflaż (Glossy Sea Blue) identyczny z amerykańskimi odpowiednikami.

Brytyjskie znaki przynależności państwowej na myśliwcach Corsair posiadały albo formę „europejską" (kadłubowe znaki typu „C1", dolne powierzchnie skrzydeł – typ „A", górne powierzchnie skrzydeł – typ „B"), albo „dalekowschodnią". Ta ostatnia charakteryzowała się

Propeller blades were painted on both sides with ANA 604 Black, except for the tips which were ANA 508 Glossy International Orange (FS12191) or ANA 504 Glossy Orange-Yellow (FS13358).

National insignia and tactical markings were reduced to a single color – Glossy Insignia White – in the latter part of 1944. The final change ordered to the Corsair's insignia was the addition of a red stripe to the white bar in the fuselage insignia in effect as of May 15, 1947.

The Glossy Insignia White was also used for a type of tactical markings called "G-Symbols" (twenty-seven of them were introduced on January 27, 1945). The geometric symbols identified the planes to their aircraft carriers. "G" symbols were painted on both sides of the fin, on the upper surface of the starboard wing and the lower surface of the port wing.

Corsairs delivered to British FAA were painted with American made equivalents of British paint colors. Upper surfaces were covered with irregular patches of ANA 603 Sea Grey (FS36118) and ANA 613 Olive Drab (FS34087). Lower surfaces of the planes from the first deliveries (Corsair Mk.I and II) were painted ANA 610 Sky Grey (FS34424), and later ANA 602 Light Grey (FS36440).

When the East Indies Fleet and BPF joined offensive maneuvers in the Far East, the American producer resigned from the laborious re-

usunięciem ze znaków elementów w kolorze czerwonym. Po likwidacji czerwonego wnętrza pozostawała więc dwukolorowa, biało-niebieska „kokarda" z cienką złotą obwódką. Znaki tego rodzaju nanoszono na Corsairy w sześciu pozycjach (boki kadłuba oraz górne i dolne powierzchnie płatów). W okresie działań BPF na zachodnim Pacyfiku dla ujednolicenia znaków FAA z amerykańskimi brytyjskie oznakowania przynależności państwowej uzupełniono (oficjalnie od 31 marca 1945 roku) poziomymi belkami.

Jednocześnie, rozmieszczenie tychże znaków dostosowano do przepisów US Navy. Poza obydwoma bokami kadłubów brytyjskich Corsairów, znaki nanoszono więc odtąd wyłącznie na górnej powierzchni lewego i dolnej prawego skrzydła.

Pionowe pasy, czyli niebiesko-biało-czerwone „fin-flashe" nanoszone na statecznikach pionowych Corsairów FAA, przyjęły na Pacyfiku również formę dwukolorową – niebiesko-białą.

Wszystkie F4U w służbie RNZAF nosiły amerykański kamuflaż fabryczny uzupełniany wszakże lub odnawiany lokalnie dostępnymi barwami w raczej dowolny sposób. Trudno więc mówić o konsekwencji czy też schemacie ich stosowania.

Ciemnoniebieskie Corsairy francuskiego Aeronavale biorące udział w listopadzie 1956 roku w interwencji sueskiej oznaczono na tylnej części kadłuba i obu powierzchniach skrzydeł czarno-żółtymi pasami (nie „żółtymi", jak mylnie podają niektóre źródła).

Oznakowania pokładowych Corsairów w okresie między drugą wojną światową a wojną koreańską oparte były na (przyjętym po porzuceniu

painting of FAA Corsairs and from early 1945 they bore the same Glossy Sea Blue color as their American equivalents.

British insignia used on the Corsair were either the European type – "C1" type fuselage markings, "A" type lower wing surfaces – "B" type upper wing surfaces) or Far East. This second type was characterized by the removal of red elements from the markings. After the removal of the red interior from the roundel, a white-blue one with a thin yellow outline remained. Such roundels were applied to the Corsairs in six places; fuselage sides and upper and lower wing surfaces. During the course of BPF activities in the western Pacific, British insignia was supplemented with horizontal bars for more unification between FAA and American insignia (officially, as of March 31, 1945).

At the same time, it was decided to use the same locations for the markings as the US Navy. The new changes to the British Corsairs only affected the wings – insignia were now applied exclusively to the port upper wing surface and starboard lower wing surface.

"Fin-flash," or the blue-white-red vertical stripes painted on the fins of FAA Corsairs in the Pacific were also changed to blue-white.

Practically all RNZAF F4Us wore the American factory paint scheme which was often supplemented or renewed with locally accessible colors in various ways which makes it difficult to speak of any standardized scheme.

The dark blue Corsairs of Aeronavale which participated in the Suez crisis in November,

niu Symboli G) systemie literowym (tabela na końcu książki).

W końcowym okresie wojny niektóre jednostki Corsairów wyposażone w F4U-5N oraz F4U-5NL [VMF(N)-513] stosowały na swych maszynach (poza jednokolorowym kamuflażem Sea Blue) jednokolorowy kamuflaż barwy czarnej matowej (ANA604), uzupełniony wyłącznie białymi i czerwonymi elementami oznakowania. Na obu typach kamuflażu nocnych Corsairów często posuwano się do zamalowywania wszystkich białych oznakowań kolorem niebieskim dla zmniejszenia ich widoczności. Tego typu niebieski „Low Visibility Overspray" zastosowano po raz pierwszy w VMF(N)-513 w listopadzie 1950 roku na lotnisku Kimpo.

System oznakowań literowych stosowanych w okresie wojny koreańskiej podano w tabeli na końcu książki.

KONIEC CZĘŚCI DRUGIEJ

1956 had black and yellow invasion stripes (not "yellow," as some sources claim) on the rear fuselage and upper and lower wing surfaces.

Markings on carrier-based Corsairs between World War II and the Korean war were based on (after "G" Symbols were abandoned) a letter system (see the table on the end of this book).

During the final phase of the war some Corsair squadrons equipped with F4U-5Ns and F4U-5NLs [VMF(N)-513], used (besides the one-color Sea Blue camouflage) a matte-black camouflage (AA 604), supplemented only with white and red markings. On both types of Corsair night camouflage, all the white markings were painted over with blue to diminish their visibility. This blue "Low Visibility Overspray" was used for the first time by VMF(N)-513 in November, 1950 at Kimpo airfield.

END OF PART TWO

Bibliografia • Bibliography

D. Brown, *Carrier Operations in WW II*, Naval Institute Press 1974.
R. J. Cressman, *The Official Chronology of the US Navy*, Naval Institute Press 2000.
J. F. Dial, *The Vought F4U4 to F4U-7 Corsair*, Profile Publ. 1965.
T. E. Doll, *Night Wings. USMC Night Fighters, 1942-1953*, Sqn Signal Publ. 2000.
T. E. Doll, *US Navy Camouflage & Markings 1940-45*, Sqn Signal Publ. 2003.
R. M. Hill, *Markings of the Aces,* book 2, Kookaburra Publ. 1972.
R. Jackson, *Air War over Korea*, Scribners Publ. 1973.
B. Pautigny, *Corsair, 30 Years of Filibustering. 1940-1970*, Histoire & Collections 2003.
B. Tillman, *Corsair, The F4U in World War II and Korea*, Naval Institute Press 1979.

Podstawowe dane taktyczno-techniczne wybranych wersji F4U
Basic technical data on the F4U

			F4U-1D	F4U-4	F4U-5	F4U-5N	AU-1	F2G-2
Wymiary / Dimesions:	rozpiętość / wing span	[m]	12,49	12,49	12,49	12,49	12,49	12,49
	długość / length	[m]	10,16	10,27	10,52	10,52	10,52	10,31
	wysokość* / height	[m]	4,68	4,50	4,50	4,50	4,50	4,90
	powierzchnia nośna / wing area	[m²]	29,17	29,17	29,17	29,17	29,17	29,17
Masy / Weights:	własna / empty	[kg]	3944	4235	4392	4392	4461	4649
	startowa / take off	[kg]	5461	5682	5852	5852	8609	6054
	startowa maksymalna / max.	[kg]	5951	6359	6627	6627	8799	6995
Osiągi / Performance:	prędkość maksymalna / max. speed na wysokości / at the altitude of	[km/h / kph] [m]	684 6096	718 7986	756 8169	756 8169	705 2900	724 5182
	prędkość maksymalna na poziomie morza / max speed at sea level	[km/h / kph]	528	613	649	610	382	642
	prędkość przelotowa / cruising speed	[km/h / kph]	293	346	306	365	296	306
	prędkość lądowania / landing speed	[km/h / kph]	140	143	146	146	133	148
	prędkość wznoszenia początkowa / initial climb rate	[m/s]	15,85	16,97	19,2	19,2	15,33	22,35
	pułap praktyczny / operational ceiling	[m]	10333	12680	12619	12619	5944	11826
	zasięg / range	[km]	1633	1617	1802	1609	779	1609
	zasięg maksymalny** / maximum range	[km]	2514	2607	2466	1802	1335	3146

* W linii lotu z wypuszczonym podwoziem. / In level flight with undercarriage extended.
** Z dodatkowymi zbiornikami paliwa. / With auxiliary fuel tanks.

Appendix

Pełny wykaz jednostek F4U we wrześniu 1945 roku
A complete list of F4U squadrons as of September, 1945

Dywizjon / Squadron	Miejsce stacjon. / Base	Wersja / Corsair type
USMC		
VMF-111	Engebi	24 F4U-1, F4U-1D
VMF-113	Ie Shima	36 F4U-1D, FG-1D
VMF-115	Zamboanga	23 F4U-1D, FG-1, FG-1D
VMF-121	Ulithi/Peleliu	30 F4U-1D, FG-1, FG-1D
VMF-122	Peleliu	24 F4U-1D, FG-1D
VMF-155	Kwajalein, Roi, Majoro	20 F4U-1D
VMF-211	Zamboanga	24 F4U-1D, FG-1D
VMF-212	Awase (Okinawa)	36 F4U-4
VMF-215	Ewa (Hawaii)	25 F4U-1D, FG-1, FG-1D, F4U-4
VMF-218	Zamboanga	F4U-1D, FG-1, FG-1D
VMF-222	Awase (Okinawa)	32 F4U-4
VMF-223	Awase (Okinawa)	31 F4U-4
VMF-224	Chimu (Okinawa)	31 F4U-1D, FG-1D
VMF-311	Chimu (Okinawa)	32 F4U-1C
VMF-312	Awase (Okinawa)	31 F4U-1D, FG-1D
VMF-314	Ie Shima	32 F4U-1C
VMF-322	Kadena (Okinawa)	33 F4U-1D, FG-1D
VMF-323	Kadena (Okinawa)	32 F4U-1D, FG-1D
VMF-324	Midway	27 FG-1
VMF-351	USS „Cape Gloucester"	18 FG-1D
VMF-422	Ie Shima	32 F4U-1D, FG-1D
VMF-441	Chimu (Okinawa)	32 F4U-1C, F4U-1D, FG-1D
VMF-461	El Toro (USA)	18 FG-1A
VMF-462	El Toro (USA)	34 F4U-1, FG-1, F3A-1
VMF-471	El Toro (USA)	35 FG-1, F3A-1
VMF-481	Santa Barbara (USA)	? F4U-1, FG-1
VMF-511	USS „Block Island"	10 F4U-1D, FG-1D
VMF-512	USS „Gilbert Islands"	18 F4U-1D, FG-1D
VMF-513	USS „Vella Gulf"	16 F4U-1D
VMF-521	Congaree (USA)	18 FG-1A, F3A-1
VMF-522	Congaree (USA)	23 FG-1A, F3A-1
VMF-523	Congaree (USA)	22 FG-1A, F3A-1
VMF-524	Parris Isl. (USA)	24 FG-1A, F3A-1
VMF-911	Cherry Point (USA)	? FG-1A, F3A-1
VMF-913	Cherry Point (USA)	24 FG-1A, F3A-1
VMF-914	Greenville (USA)	23 FG-1A, F3A-1
USN		
VBF-1	USS „Bennington"	28 F4U-1D, FG-1D
VBF-3	Oceana (USA)	36 F4U-4
VBF-4	Wildwood USA	36 F4U-1, F4U-1D, FG-1, FG-1D, F3A-1
VBF-5	Klamath Falls (USA)	24 F4U-1, F4U-1C, FG-1A, F3A-1
VBF-6	USS „Hancock"	36 F4U-4
VF-10	USS „Intrepid"	33 F4U-4
VBF-10	USS „Intrepid"	36 F4U-4
VBF-14	Kahiului (Hawaii)	38 F4U-1D, FG-1D, F4U-4
VBF-15	Los Alamitos (USA)	18 F4U-1, F4U-1D, FG-1, F3A-1
VBF-19	Alameda (USA)	47 F4U-1, F4U-1D, FG-1A, F3A-1, F4U-4
VBF-20	Edenton (USA)	38 F4U-4
VF-74A & VF-74B	Otis Field (USA)	47 F4U-1, F4U-1D, FG-1D, F4U-4
VBF-74A & VBF-74B	Otis Field (USA)	39 F4U-1D, FG-1D, F4U-4
VF-75A & VF-75B	Chincoteague (USA)	44 F4U-4
VBF-75A & VBF-75B	Wildwood (USA)	46 F4U-1, F4U-1D, FG-1, FG-1D, F3A-1
VBF-80	Holtville (USA)	36 F4U-1, F4U-1D, FG-1D, F4U-4
VBF-81	Pasco (USA)	34 F4U-1, F4U-1D, FG-1, FG-1A, F3A-1
VBF-83	USS „Essex"	35 F4U-1D, FG-1D
VBF-84	Los Alamitos (USA)	33 F4U-1, F4U1D, FG-1A, F3A-1, F4U-4
VBF-85	USS „Shangri La"	34 F4U-1D, FG-1D
VBF-86	USS „Wasp"	36 F4U-4
VBF-88	USS „Yorktown"	37 FG-1D
VBF-89	USS „Antietam"	37 F4U-4
VBF-93	USS „Boxer"	37 F4U-4
VBF-94	USS „Lexington"	32 F4U-4
VBF-95	Hilo (Hawaii)	39 F4U-1, F4U-1D, FG-1D, F4U-4
VBF-97	Grosse Ile (USA)	16 F4U-1, F4U-1D, FG-1, F3A-1
VBF-98	Thermal/San Diego (USA)	58 F4U-1, F4U-1D, FG-1, FG-1A
VBF-99	Saipan (Marianas)	38 F4U-1, F4U-1D, FG-1D, F4U-4
VBF-100	Barbers Point (Hawaii)	40 F4U-1, F4U-1D, FG-1D, F4U-4
VBF-150	USS „Lake Champlain"	35 F4U-4
VBF-151	Corvallis (USA)	? FG-1A
VBF-152	Manteo/Groton (USA)	37 F4U-4
VBF-153	Oceana/Manteo (USA)	36 F4U-4
FAA		
1831 Sqn	HMS „Glory"	21 Corsair Mk IV
1834 Sqn	HMS „Victorious"	18 Corsair Mk II & IV
1835 Sqn	Belfast (UK)	21 Corsair Mk IV
1836 Sqn	HMS „Victorious"	18 Corsair Mk II & IV
1837 Sqn	Nutts Corner (UK)	21 Corsair Mk III
1841 Sqn	HMS „Formidable"	18 Corsair Mk IV
1842 Sqn	HMS „Formidable"	18 Corsair Mk IV
1845 Sqn	Nowra (Australia)	18 Corsair Mk IV
1846 Sqn	HMS „Colossus"	21 Corsair Mk IV
1850 Sqn	HMS „Vengeance"	21 Corsair Mk IV
1851 Sqn	HMS „Venerable"	21 Corsair Mk IV
1852 Sqn	Belfast (UK)	21 Corsair Mk IV
1853 Sqn	Machrihanish	18 Corsair Mk IV

Razem: 874 Corsairy w trzydziestu sześciu dywizjonach USMC, 1236 w trzydziestu ośmiu dywizjonach US Navy oraz 255 w trzynastu dywizjonach FAA. / Together: 874 Corsairs in 36 USMC squadrons, 1236 in 38 US Navy squadrons and 255 in 13 FAA squadrons.

Asy Corsairów USMC i USN – druga wojna światowa
USMC and USN Corsair Aces (WW II)

10 lub więcej zwycięstw / 10 or more victories

1st Lt R.Hanson VMF-214 & VMF-215	25
Maj G.Boyington VMF-214	22
Cap K.Walsh VMF-124 & VMF-222	21
Cap D.Aldrich VMF-215	20
Cap W.Thomas VMF-213	19
Lt I.Kepford VF-17	16
Cap H.Spears VMF-215	15
Cap E.Shaw VMF-213	15
Cap P.DeLong VMF-212 & VMF-312	14
Maj A.Donahue VMF-112 & VMF-451	12
Maj J.Cupp VMF-213	12
LtCdr R.Hedrick VF-17 & VF-84	12
Cap H.Segal VMF-221 & VMF-211	12
LtCdr J.Blackburn VF-17	11
LtCdr T.Reidy VBF-83	10
Lt(jg) J.Smith VF-17 & VF-84	10
Maj D.Sapp VMF-222	10

9 zwycięstw / victories

Lt O.Chenoweth VF-17, Lt D.Freeman VF-17, 1st Lt C.Magee VMF-214, Lt(jg) E.May VF-17, 1st Lt J.Morgan VMF-213, Maj E.Overend VMF-321, 1st Lt F.Thomas VMF-211

8 zwycięstw / victories

Lt(jg) H.Burris VF-17, 1st Lt W.Case VMF-214, Lt(jg)C.Farmer VF-10, Lt C.Gile VF-17, Cap F.Gutt VMF-223, 1st Lt E.Hernan VMF-215, 1st Lt N.Post VMF-221, Maj A.Warner VMF-215, LtCol D.Yost VMF-351

7 zwycięstw / victories

2nd Lt W.Brown VMF-311, 2nd Lt D.Caswell VMF-221, LtCdr W.Clarke VF-10, Lt P. Cordray VF-17 & VF-10, Cap W.Crowe VMF-124, Lt(jg) D.Cunningham VF-17, Lt M. Davenport VF-17, 1st Lt J.Dillard VMF-323, Ens H.Heath VF-10, 1st Lt A.Jensen VMF-214 & VMF-441, Ens A.Lerch VF-10, 1st Lt R.McClurg VMF-214, 1st Lt P.Mullen VMF-214 & VMF-122, 1st Lt J.O'Keefe VMF-323, Maj R.Ovens VMF-215, 2nd Lt D.Durnford VMF-323, Lt(jg) J.Gildea VF-84, Maj J.Reinburg VMF-122, 1st Lt J.Ruhsam VMF-323, 1st Lt F.Terrill VMF-323, 1st Lt R.Wade VMF-323, 1st Lt G.Williams VM-215

6 zwycięstw / victories

Maj G.Axtell VMF-323, 1st Lt J.Bolt VMF214, Lt(jg) C.Chambers VF-84, 1st Lt C.Chandler VMF-215, Cap A.Conant VMF-215, 1st Lt E.Dillow VMF-323, 1st Lt D.Dorroh VMF-323, Maj H.Elwood VMF-212, Cap H.Finn VMF-124, 1st Lt D.Fisher VMF-214, Lt(jg) L.Grey VF-10, 1st Lt S.Hall VMF-213, Maj H.Hansen VMF-112, Lt W.Hood VMF-323, 1st Lt J.Hundley VMF-211, Maj J.Ireland VMF-211, 2nd Lt C.Jones VMF-222, Cap J.Lynch VMF-224, Maj J.Maas VMF-122 & VMF-322, 1st Lt J.McManus VMF-221, Lt(jg) R.Mims VF-17, 1st Lt J.Percy VMF-112, Cap F.Pierce VMF-121, Ens N.Quiel VF-10, Lt(jg) J.Sargent VF-84, Cap P.Shuman VMF-121, Cap W.Sigler VMF-112 & VMF-124, Cap H.Valentine VMF-312, 1st Lt M.Vedder VMF-213

5 zwycięstw / victories

2nd Lt S.Alley VMF-323, Cap D.Balch VMF-221, Cap F.Baldwin VMF-221, Cap R.Braun VMF-215, Cap W.Carlton VMF-212, 2nd Lt C.Drake VMF-323, 1st Lt W.Farrel VMF-312, Cap K.Ford VMF-121, Lt L.Godson VBF-83, 1st Lt A.Hacking VMF-221, Lt W.Harris VBF-83, Lt R.Kincaid VBF-83, Lt W.Laney VF-84, Lt(jg) L.Maberry VF-84, Lt H.March VF-17, 1st Lt R.McCartney VMF-121 & VMF-214, Cap E.Olander VMF-214, Cap H.Owen VMF-112, 2nd Lt J.Pittman VMF-221, Maj R.Porter VMF-121, Maj G.Poske VMF-215, E.Powell VMF-122, Lt J.Robbins VF-85, 1st Lt H. Scarborough VMF-214, Lt(jg) J.Schiller VF-5, 1st Lt R.See VMF-321, Lt(jg) F.Streig VF-17, 1st Lt S.Synar VMF-112, Maj G.Weissenberger VMF-213, 1st Lt A.Wells VMF-323, Maj M.Yunck VMF-311

Zestrzelenia ułamkowe zaokrąglone w górę; zachowano oryginalne skróty stopni. / Fractional kills are rounded upward.

Dodatek

Oznakowania pokładowych Corsairów w okresie między drugą wojną światową a wojną koreańską
Markings on carrier-based Corsairs between World War II and the Korean War

USS „Saratoga"	CC	USS „Hancock"	U	USS „Kearsarge"	K	USS „Wright"	W
USS „Ranger"	PP	USS „Bennington"	TT	USS „Oriskany"	RI	USS „Salerno Bay"	SB
USS „Enterprise"	M	USS „Boxer"	ZZ (B)	USS „Antietam"	W (A)	USS „Siboney"	SI
USS „Essex"	F	USS „Independence"	D	USS „Princeton"	P	USS „Rendowa"	RE
USS „Yorktown"	RR	USS „Belleau Wood"	P	USS „Shangri La"	Z (S)	USS „Bairoko"	BA
USS „Intrepid"	E	USS „Cowpens"	A	USS „Lake Champlain"	AA	USS „Bandoeng Strait"	BS
USS „Hornet"	S	USS „Monterey"	C	USS „Tarawa"	T	USS „Saidor"	SR
USS „Franklin"	LL	USS „Langley"	K	USS „Midway"	YY (M)	USS „Sicily"	SL
USS „Ticonderoga"	V	USS „Cabot"	R	USS „Franklin D Roosevelt"	FF (F)	USS „Point Cruz"	PZ
USS „Randolph"	L (R)	USS „Bataan"	T	USS „Coral Sea"	EE (C)	USS „Mindoro"	MI
USS „Lexington"	H	USS „San Jacinto"	B	USS „Valley Forge"	V	USS „Palau"	PA.
USS „Bunker Hill"	Y	USS „Bon Homme Richard"	SS	USS „Philippine Sea"	PS		
USS „Wasp"	X	USS „Leyte"	L	USS „Saipan"	SA		

W nawiasie podany nowy symbol w wypadku zmiany w listopadzie 1946 roku. / Any new symbols assigned in November 1946 are given in parenthesis

System oznakowań literowych Corsairów – wojna koreańska
Letter markings used during the Korean War

Lotniskowiec Aircraft carrier	Oznaczenie Letter design.	Jednostka i typ Squadron and type
USS „Essex"	S	VF-53, F4U-4 & F4U-4B
USS „Essex"	NP	VC-3, F4U-4NL
USS „Essex"	D	VF-871, F4U-4
USS „Boxer"	M	VF-23, VF-24, VF-63, VF-64*, F4U-4
USS „Boxer"	NP	VC-3, F4U-5N
USS „Boxer"	PP	VC-61, F4U-5P
USS „Boxer"	A	VF-791 VF-884, F4U-4
USS „Boxer"	F	VF-44, F4U-4
USS „Bon Homme Richard"	D	VF-783, VF-874, F4U-4
USS „Bon Homme Richard"	NP	VC-3, F4U-5NL
USS „Bon Homme Richard"	L	VF-74, F4U-4
USS „Bon Homme Richard"	NA	VC-4, F4U-5N
USS „Leyte"	K	VF-32, VF-33, F4U-4
USS „Leyte"	NA	VC-4, F4U-5N
USS „Leyte"	PL	VC-62, F4U-5P
USS „Kearsarge"	A	VF-884, F4U-4
USS „Kearsarge"	NP	VC-3, F4U-5N
USS „Oriskany"	D	VF-874, F4U-4
USS „Oriskany"	NP	VC-3, F4U-5N
USS „Antietam"	H	VF-713, F4U-4
USS „Antietam"	NP	VC-3, F4U-5N
USS „Princeton"	B	VF-192, VF-193, VF-821, VF-871, F4U-4
USS „Princeton"	NP	VC-3, F4U-5N
USS „Princeton"	H	VF-152, F4U-4

Lotniskowiec Aircraft carrier	Oznaczenie Letter design.	Jednostka i typ Squadron and type
USS „Lake Champlain"	F	VF-44, F4U-4
USS „Valley Forge"	S	VF-53, VF-54, F4U-4B
USS „Valley Forge"	NP	VC-3, F4U-5N
USS „Valley Forge"	AZ	HedRon 1, F4U-5P
USS „Valley Forge"	PP	VC-61, F4U-5P
USS „Valley Forge"	H	VF-653, F4U-4B
USS „Valley Forge"	B	VF-194, F4U-4B
USS „Valley Forge"	N	VF-92, F4U-4
USS „Philippine Sea"	V	VF-113, VF-114, F4U-4B
USS „Philippine Sea"	NP	VC-3, F4U-5N
USS „Philippine Sea"	PP	VC-61, F4U-5P
USS „Philippine Sea"	M	VF-24, VF-63, VF-64, F4U-4
USS „Philippine Sea"	N	VF-94, F4U-4
USS „Bataan"	LD	VMF-212, F4U-4
USS „Bataan"	WR	VMF/VMA-312, F4U-4 & F4U-4B
USS „Rendova"	LD	VMF-212, F4U-4
USS „Bairoko"	WR	VMF-312, F4U-4 & F4U-4B
USS „Bandoeng Strait"	WS	VMF-323, F4U-4 & F4U-4B
USS „Bandoeng Strait"	LD	VMF-212, F4U-4
USS „Bandoeng Strait"	WR	VMF-312, F4U-4
USS „Sicily"	WE	VMF-214, F4U-4B
USS „Sicily"	WS	VMF-323, F4U-4
USS „Sicily"	WR	VMA-312, F4U-4B
USS „Point Cruz"	MR	VMA-332, F4U-4B

* Wszystkie te dywizjony pełniły pod tym samym oznaczeniem taktycznym (od grudnia 1950 roku do kwietnia 1951 roku) służbę na USS „Valley Forge". / All of these squadrons served on the USS "Valley Forge" under the same tactical markings (between December, 1950 and April, 1951).

Roczna produkcja i dostawy F4U
Annual output and deliveries for the F4U

1942 (VII-XII)	Vought 178 + Goodyear 0 + Brewster 0	= 178	**1944** (I-XII)	Vought 2665 + Goodyear 2108 + Brewster 599	= 5372
1943 (I-XII)	Vought 1785 + Goodyear 377 + Brewster 136	= 2298	**1945** (I-XII)	Vought 2046 + Goodyear 1529* + Brewster 0	= 3575

* Osiem F2G wyprodukowanych przed końcem 1944 roku, lecz dostarczonych w 1945 roku. / Eight F2Gs were produced before the end of 1944, but delivery took place in 1945.

Chance Vought F4U-1C Corsair

Skala/scale 1/48

- F4U-1C Corsair, widok z boku
- F4U-1C Corsair, side view

Arkusz 01 / Sheet 01

- F4U-1C Corsair, widok z boku
- F4U-1C Corsair, side view

Skala/scale: 1/48

KAGERO

Opracowanie i rysunki: © Maciej Noszczak 2006

Arkusz 02
Sheet 02

Chance Vought F4U-1C Corsair

Skala/scale 1/48

- F4U-1C Corsair, widok z przodu
- F4U-1C Corsair, front view

- Pó ny F4U-1C Corsair, widok z boku
- Late production F4U-1C Corsair, side view

Skala/scale: 1/48

KAGERO

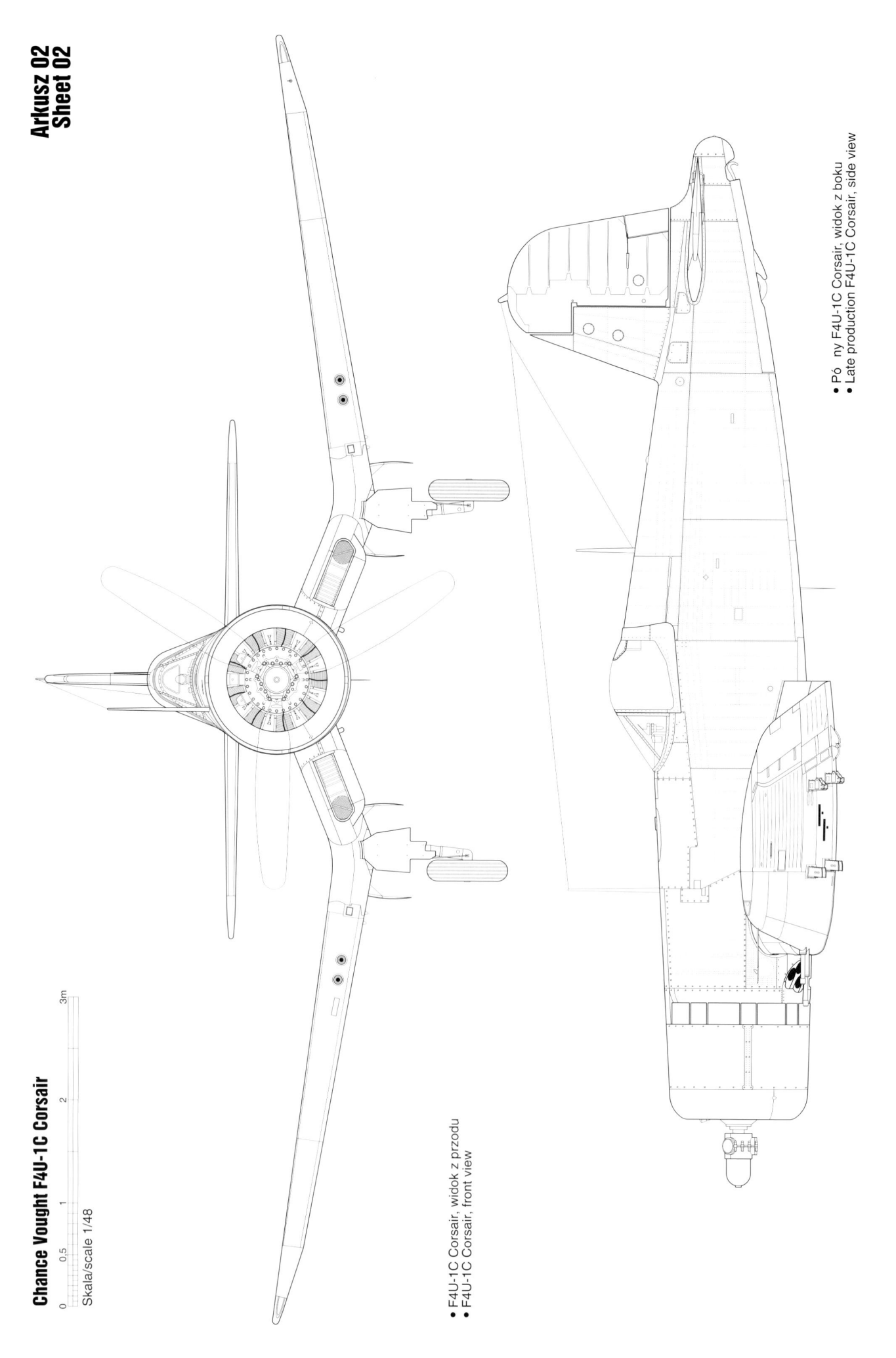

Opracowanie i rysunki: © Maciej Noszczak 2006

Chance Vought F4U-1D Corsair

Arkusz 03 / Sheet 03

Skala/scale 1/48

- F4U-1D Corsair, widok z boku
- F4U-1D Corsair, side view

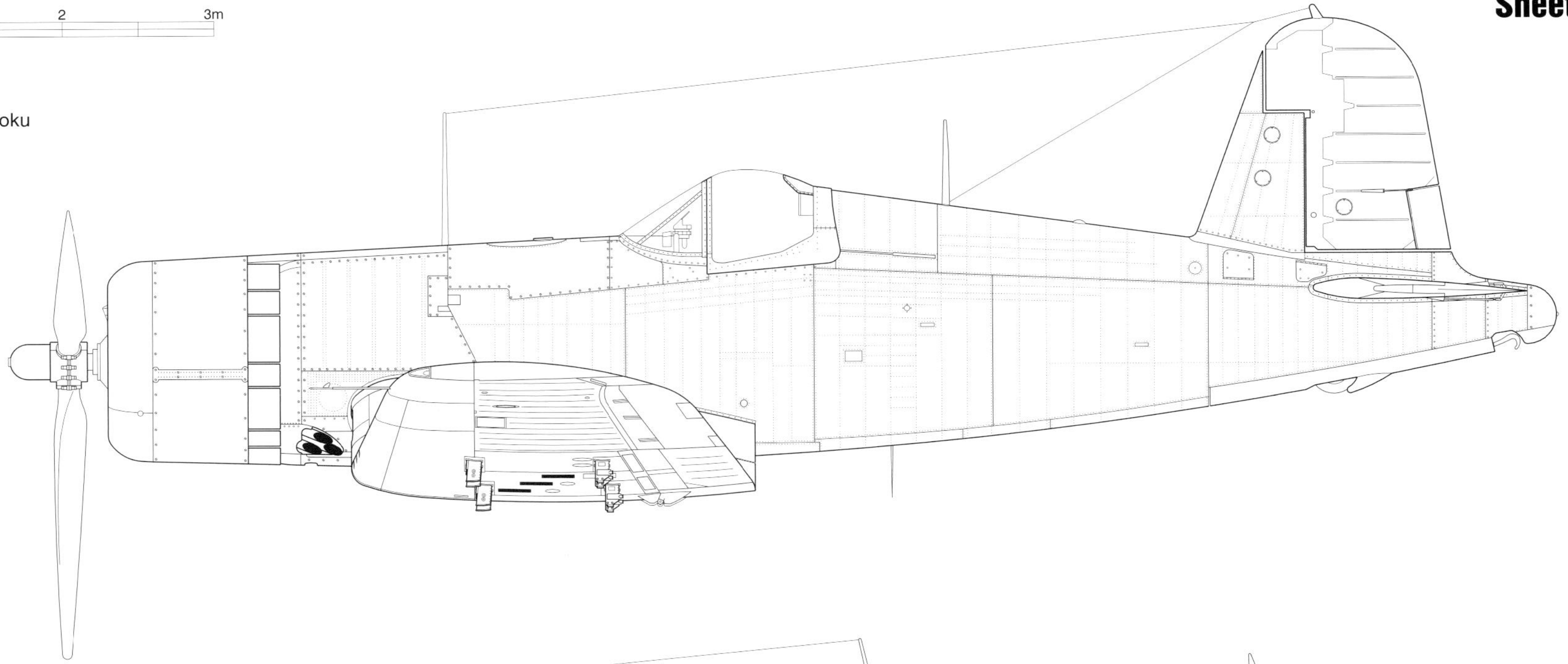

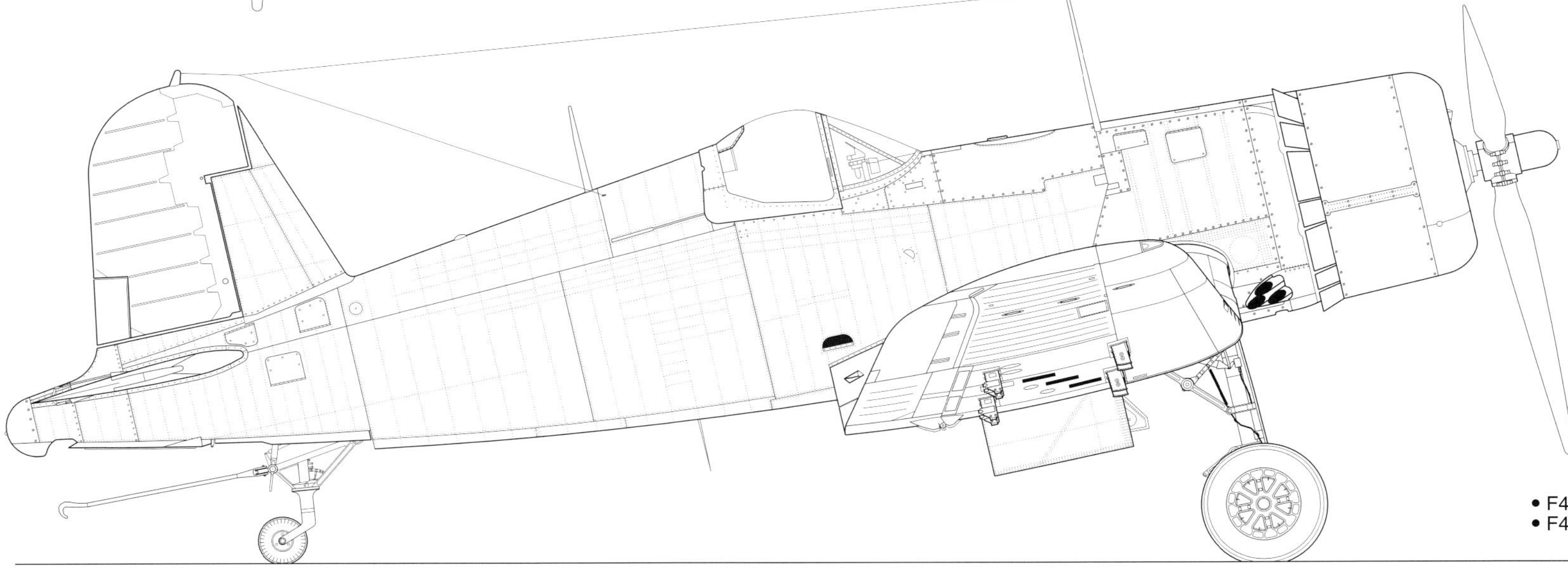

- F4U-1D Corsair, widok z boku
- F4U-1D Corsair, side view

Skala/scale: 1/48

Opracowanie i rysunki: © Maciej Noszczak 2006

KAGERO

Chance Vought F4U-1D Corsair

Arkusz 04 / Sheet 04

Skala/scale 1/48

- Śmigło Hamilton Standard Hydromatic o średnicy 4,064 m
- Dia. 4,064 m Hamilton Standard propeller

- F4U-1D Corsair, widok z przodu
- F4U-1D Corsair, front view

- F4U-1D Corsair, widok z tyłu
- F4U-1D Corsair, back view

Skala/scale: 1/48

KAGERO

Opracowanie i rysunki: © Maciej Noszczak 2006

Chance Vought F4U-1D Corsair

Arkusz 05 / Sheet 05

Skala/scale 1/48

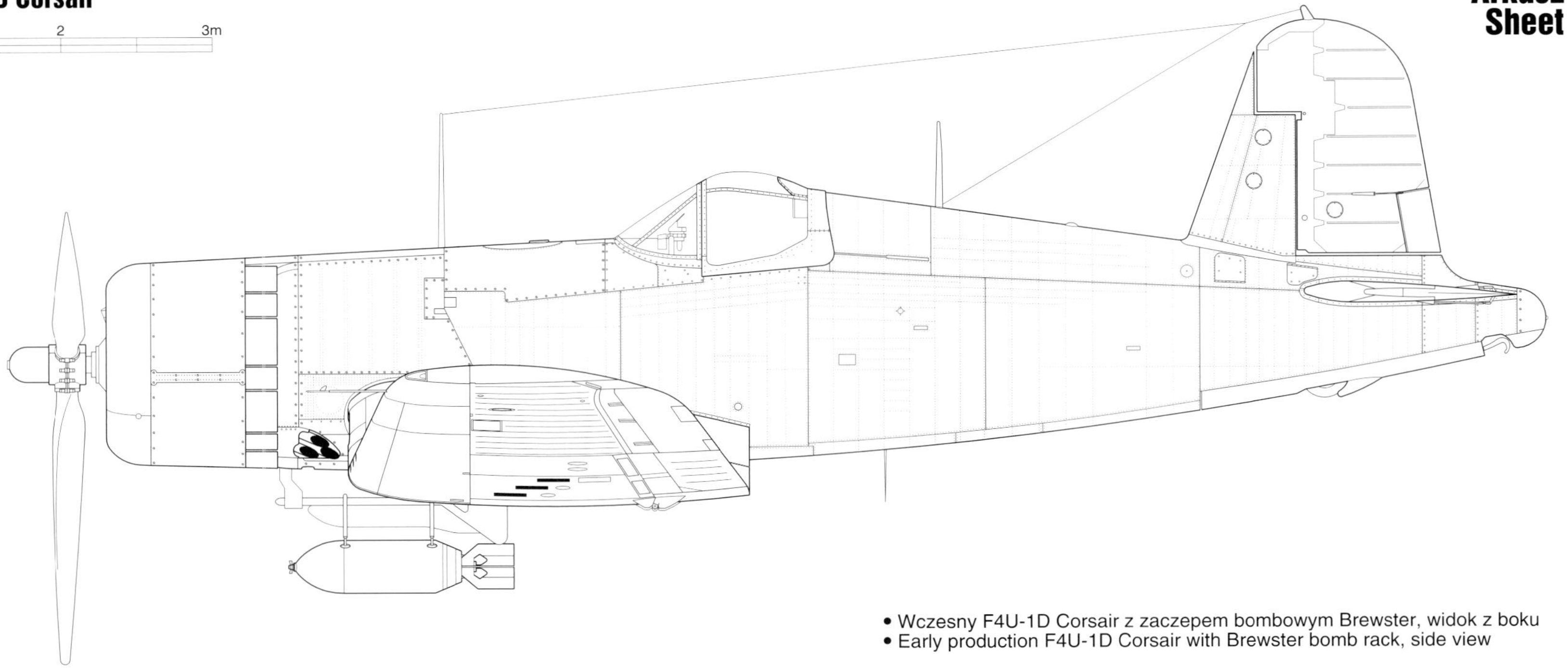

- Wczesny F4U-1D Corsair z zaczepem bombowym Brewster, widok z boku
- Early production F4U-1D Corsair with Brewster bomb rack, side view

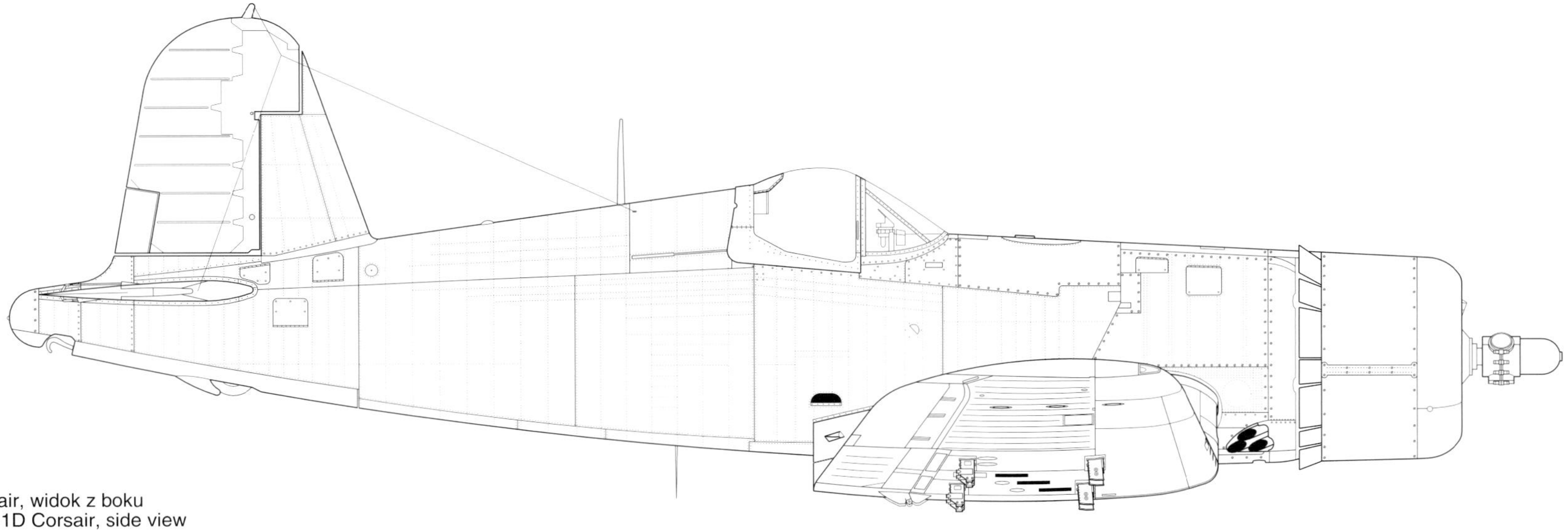

- Późny F4U-1D Corsair, widok z boku
- Late production F4U-1D Corsair, side view

Skala/scale: 1/48

Opracowanie i rysunki: © Maciej Noszczak 2006

KAGERO

Chance Vought F4U-1P, FG-1D Corsair

Arkusz 06 / Sheet 06

Skala/scale: 1/48

- F4U-1P, widok z boku
- F4U-1P, side view

- Późny FG-1D Corsair, widok z boku
- Late production FG-1D Corsair, side view

Skala/scale 1/48

KAGERO

Opracowanie i rysunki: © Maciej Noszczak 2006

Chance Vought Corsair Mk I, Mk IV

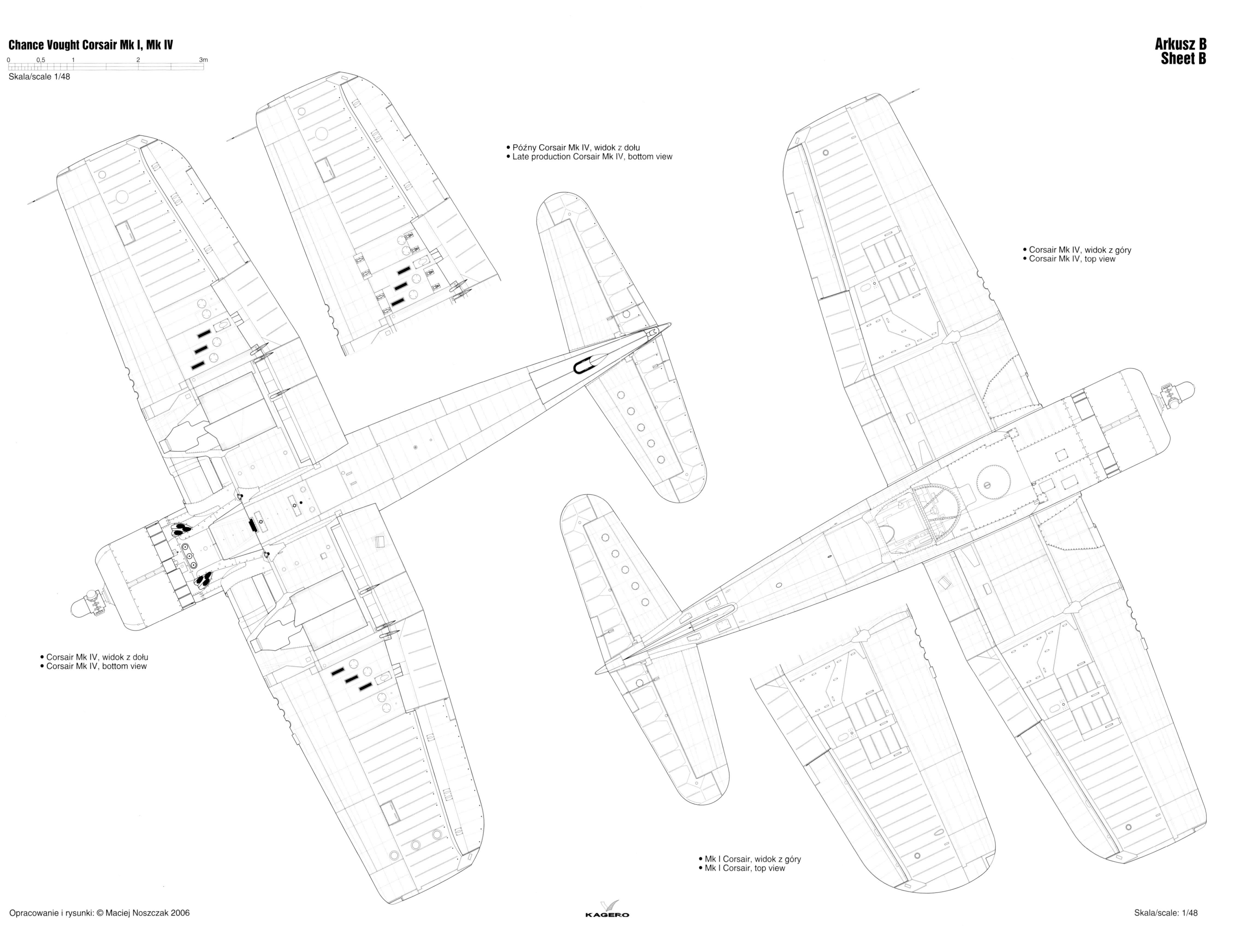

Skala/scale 1/48

Arkusz B / Sheet B

- Późny Corsair Mk IV, widok z dołu
- Late production Corsair Mk IV, bottom view

- Corsair Mk IV, widok z góry
- Corsair Mk IV, top view

- Corsair Mk IV, widok z dołu
- Corsair Mk IV, bottom view

- Mk I Corsair, widok z góry
- Mk I Corsair, top view

Opracowanie i rysunki: © Maciej Noszczak 2006

Skala/scale: 1/48

Chance Vought F4U-1C, F4U-1D Corsair

Arkusz A
Sheet A

0 0,5 1   2   3m

Skala/scale 1/48

- F4U-1C Corsair, widok z dołu
- F4U-1C Corsair, bottom view

- F4U-1D Corsair, widok z góry
- F4U-1D Corsair, top view

- F4U-1D Corsair, widok z dołu
- F4U-1D Corsair, bottom view

- F4U-1C Corsair, widok z góry
- F4U-1C Corsair, top view

Opracowanie i rysunki: © Maciej Noszczak 2006

KAGERO

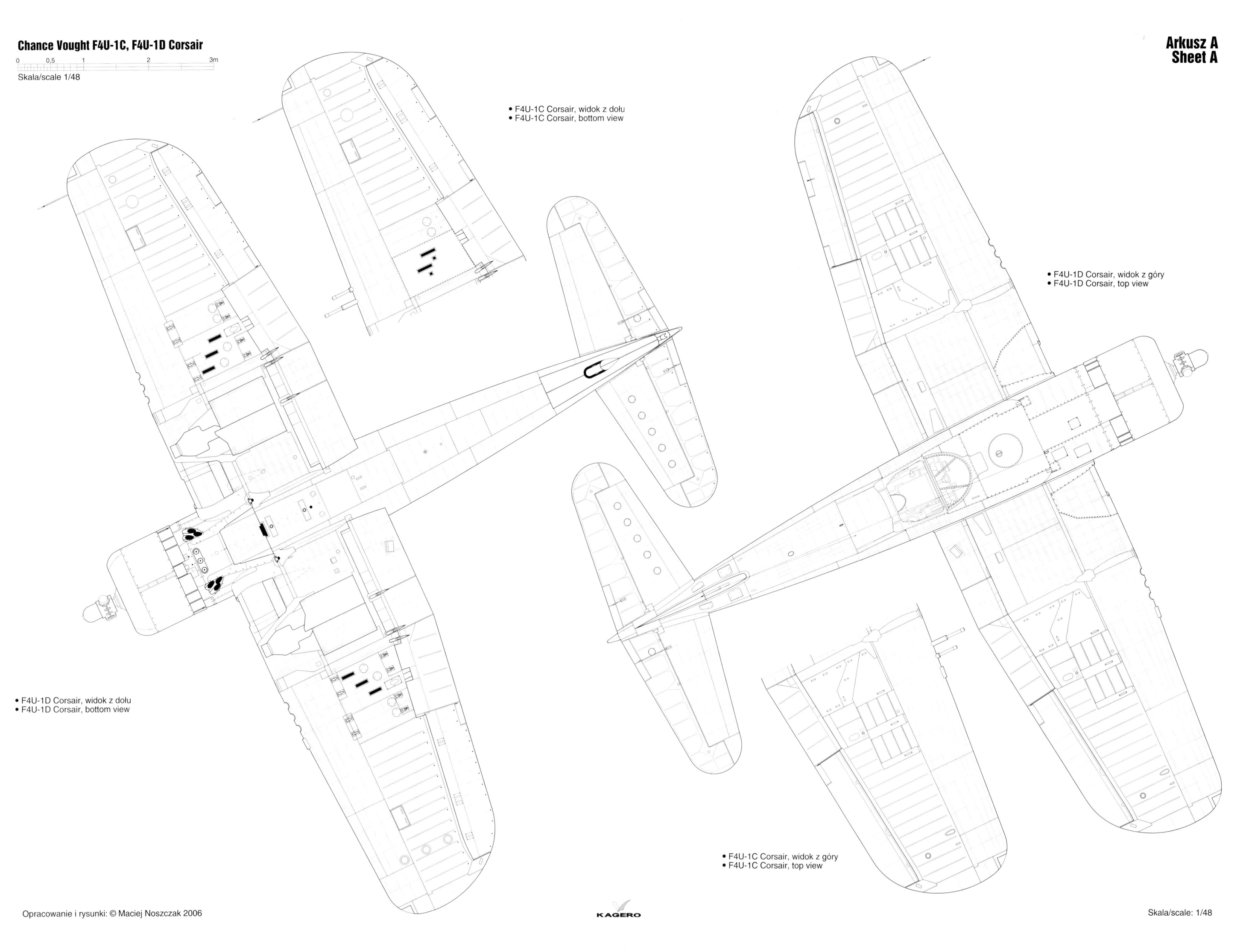

Skala/scale: 1/48

Chance Vought Corsair Mk I

Arkusz 07 / Sheet 07

Skala/scale: 1/48

- Corsair Mk I, widok z boku
- Corsair Mk I, side view

Opracowanie i rysunki: © Maciej Noszczak 2006

KAGERO

Chance Vought Corsair Mk II, Corsair Mk III

Arkusz 08 / Sheet 08

Skala/scale 1/48

- Corsair Mk II, Corsair Mk III, widok z boku
- Corsair Mk II, Corsair Mk III, side view

Opracowanie i rysunki: © Maciej Noszczak 2006

Skala/scale: 1/48

Arkusz 09 / Sheet 09

Chance Vought Corsair Mk II, Corsair Mk IV

Skala/scale 1/48

- Późny Corsair Mk II, widok z boku
- Late production Corsair Mk II, side view

- Corsair Mk IV, widok z boku
- Corsair Mk IV, side view

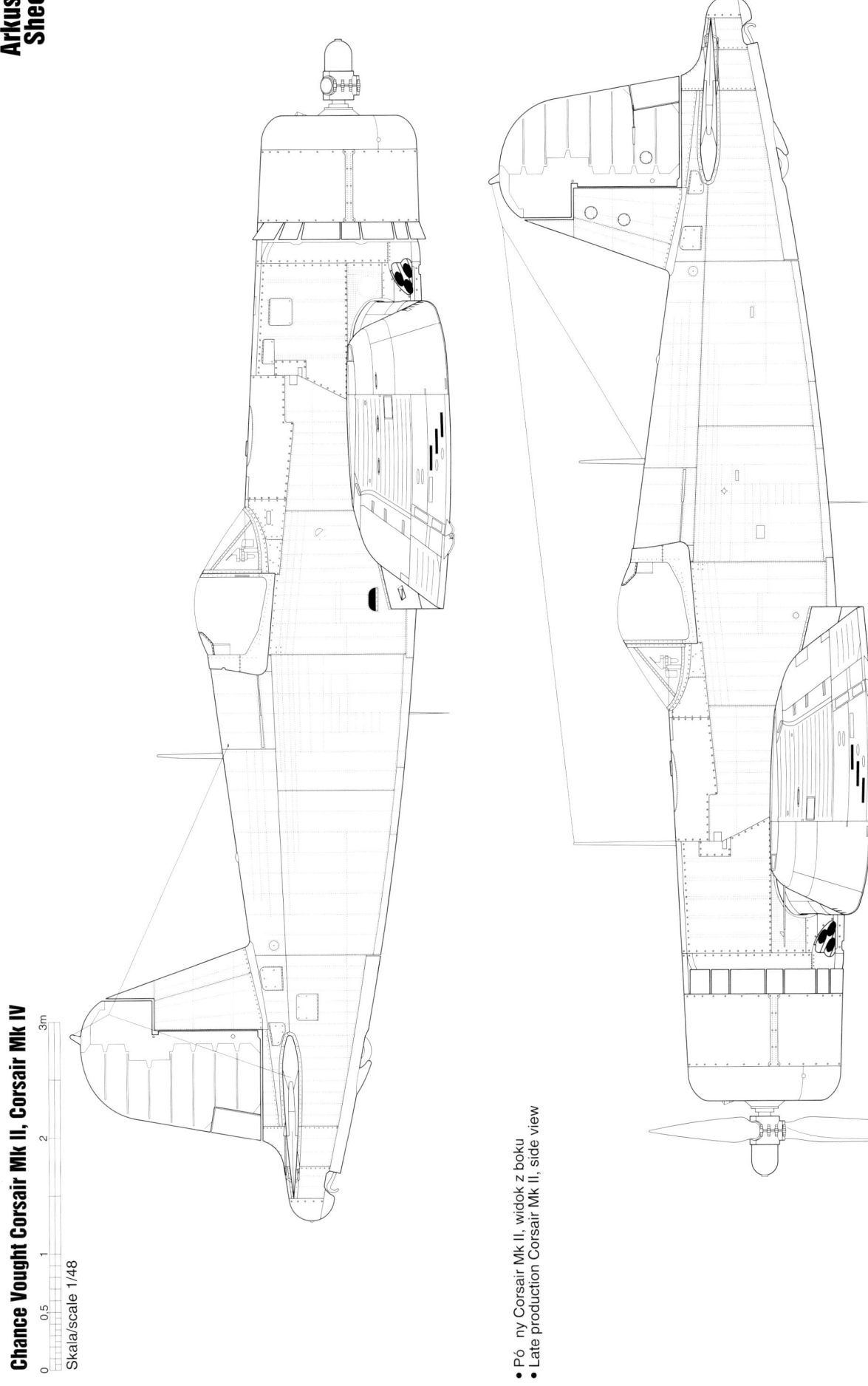

Skala/scale: 1/48

Opracowanie i rysunki: © Maciej Noszczak 2006

KAGERO

Arkusz 10
Sheet 10

- Corsair Mk II, Corsair Mk III, widok z przodu
- Corsair Mk II, Corsair Mk III, front view

Chance Vought Corsair Mk II, Corsair Mk III

Skala/scale 1/48

Skala/scale 1/24

- 5" rakieta HVAR "Holy Moses"
- 5-inch HVAR "Holy Moses" rocket missile

- Corsair Mk II, Corsair Mk III, widok z tyłu
- Corsair Mk II, Corsair Mk III, rear view

KAGERO

Skala/scale: 1/48, 1/24

Opracowanie i rysunki: © Maciej Noszczak 2006

Arkusz 11
Sheet 11

Chance Vought Corsair Mk IV
Skala/scale 1/48

- Corsair Mk IV, widok z boku
- Corsair Mk IV, side view

- Corsair Mk IV, widok z boku
- Corsair Mk IV, side view

Skala/scale: 1/48

Opracowanie i rysunki: © Maciej Noszczak 2006

Arkusz 12
Sheet 12

Chance Vought Corsair Mk IV

- Corsair Mk IV, widok z przodu
- Corsair Mk IV, front view

- Amerykańska rakieta HVAR kal. 3,5"
- American Dia. 3.5" HVAR

- Corsair Mk IV, widok z tyłu
- Corsair Mk IV, rear view

Skala/scale 1/48
Skala/scale 1/24

Skala/scale: 1/48, 1/24

Opracowanie i rysunki: © Maciej Noszczak 2006

Arkusz 13 / Sheet 13

NFG-1D, XF4U-3

Skala/scale 1/48

- NFG-1D, widok z boku
- NFG-1D, side view

- XF4U-3, widok z boku
- XF4U-3, side view

Opracowanie i rysunki: © Maciej Noszczak 2006

Skala/scale: 1/48

KAGERO

Arkusz 14
Sheet 14

Chance Vought F4U-4, F4U-4B

Skala/scale 1/48

- Późny F4U-4, widok z boku
- Late series F4U-4, side view

- F4U-4B, widok z boku
- F4U-4B, side view

Opracowanie i rysunki: © Maciej Noszczak 2006

Skala/scale: 1/48

Arkusz 15 / Sheet 15

Chance Vought F4U-4

Skala/scale 1/48

- F4U-4, widok z boku
- F4U-4, side view

- F4U-4, widok z boku
- F4U-4, side view

Skala/scale: 1/48

Opracowanie i rysunki: © Maciej Noszczak 2006

KAGERO

Arkusz 16 / Sheet 16

- F4U-4, widok z przodu
- F4U-4, front view

- Śmigło Hamilton Standard Hydromatic o średnicy 4,064 m
- Dia. 4.064 m Hamilton Standard propeller

- F4U-4, widok z tyłu
- F4U-4, back view

Chance Vought F4U-4

Skala/scale 1/48

Skala/scale: 1/48

Opracowanie i rysunki: © Maciej Noszczak 2006

KAGERO

Chance Vought F4U-5

Arkusz 17 / Sheet 17

Skala/scale 1/48

- F4U-5, widok z boku
- F4U-5, side view

- F4U-5, widok z boku
- F4U-5, side view

Opracowanie i rysunki: © Maciej Noszczak 2006

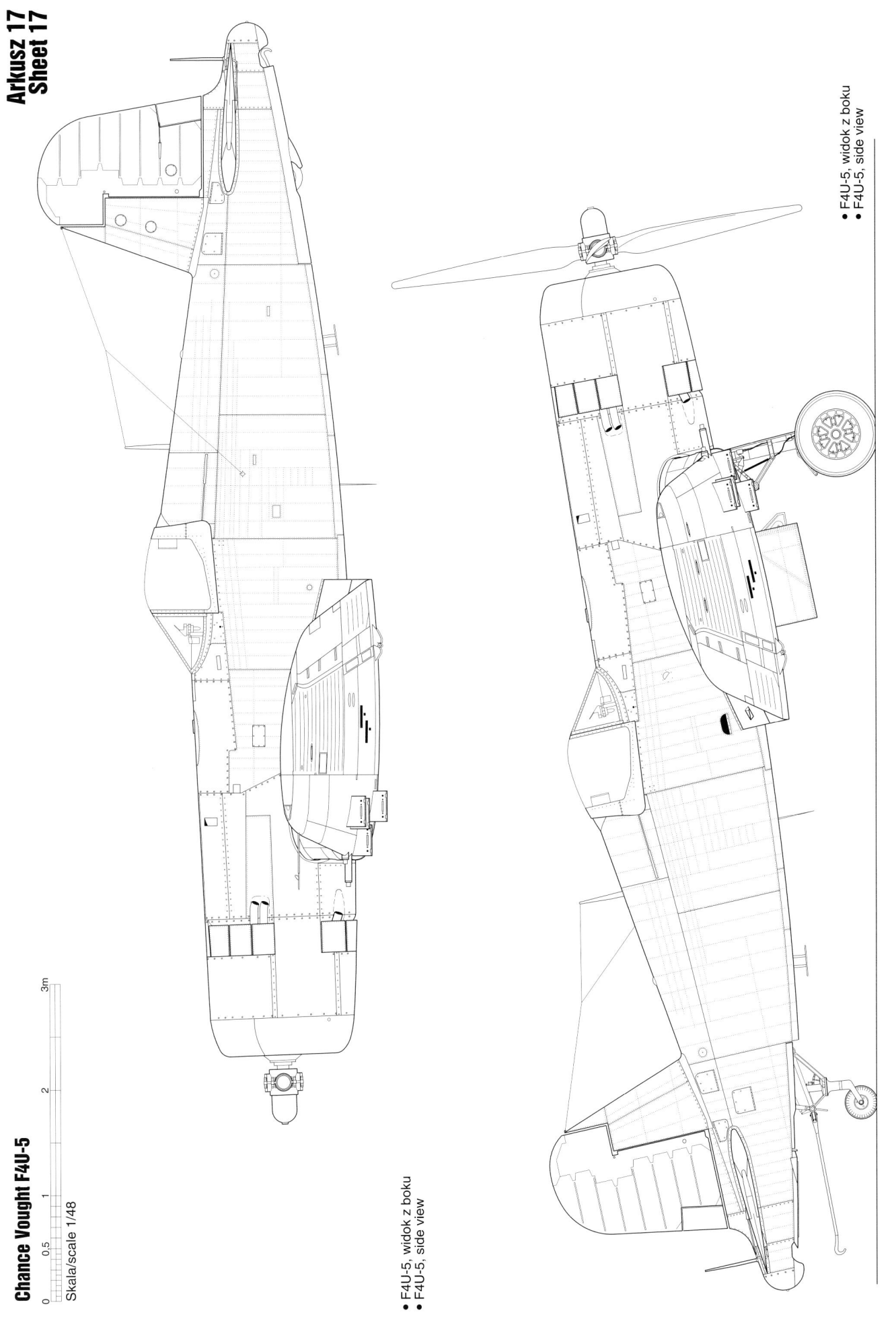

Skala/scale: 1/48

Arkusz 18
Sheet 18

- Silnik P&W R-2800-32W Double Wasp, widok 3/4 z góry
- P&W R-2800-32W Double Wasp piston engine, main view

- P&W, widok z tyłu
- P&W, back view

- P&W, widok z przodu
- P&W, front view

- Silnik P&W R-2800-32W Double Wasp, widok z boku
- P&W R-2800-32W Double Wasp piston engine, side view

- F4U-5, widok z przodu
- F4U-5, front view

Chance Vought F4U-5

Skala/scale 1/48
Skala/scale 1/24

Skala/scale: 1/48, 1/24

KAGERO

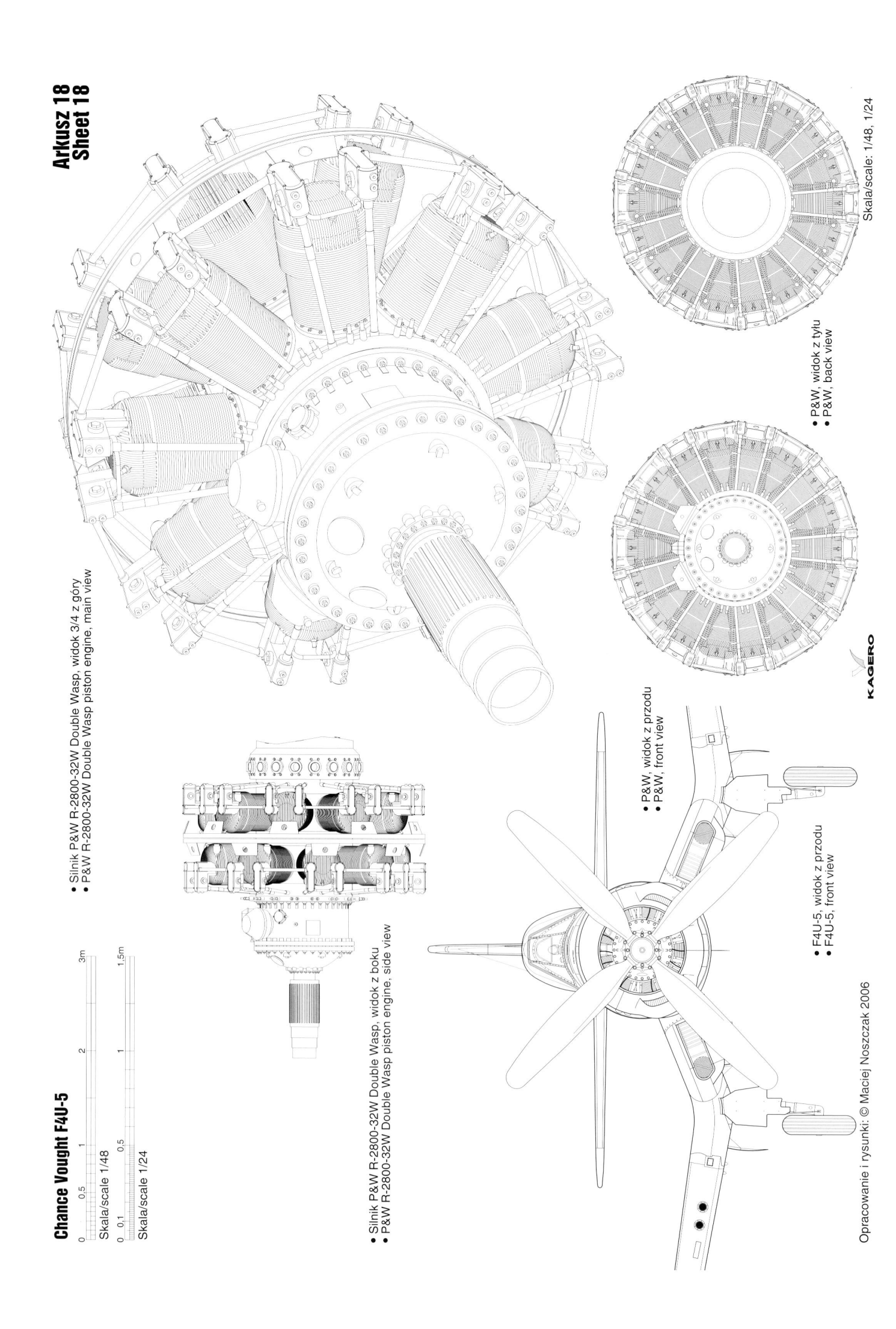

Opracowanie i rysunki: © Maciej Noszczak 2006

Arkusz 19
Sheet 19

Chance Vought F4U-5N, 5NL, 5P

Skala/scale 1/48

- F4U-5NL, widok z boku
- F4U-5NL, side view

- F4U-5P, widok z boku
- F4U-5P, side view

- F4U-5N, widok z boku
- F4U-5N, side view

Skala/scale: 1/48

Opracowanie i rysunki: © Maciej Noszczak 2006

KAGERO

Arkusz 20
Sheet 20

Chance Vought F4U-5N, 5NL

Skala/scale 1/48

0 0.5 1 2 3m

- F4U-5N, widok z przodu
- F4U-5N, front view

- F4U-5NL, widok z przodu
- F4U-5NL, front view

Skala/scale: 1/48

Opracowanie i rysunki: © Maciej Noszczak 2006

KAGERO

Chance Vought AU-1

Arkusz 21 / Sheet 21

- AU-1, widok z boku
- AU-1, side view

- AU-1, widok z boku
- AU-1, side view

Skala/scale: 1/48

Opracowanie i rysunki: © Maciej Noszczak 2006

KAGERO

Arkusz 22
Sheet 22

Chance Vought AU-1, F4U-7

Skala/scale 1/48

- F4U-7, widok z boku
- F4U-7, side view

- AU-1, widok z przodu
- AU-1, front view

Skala/scale: 1/48

Opracowanie i rysunki: © Maciej Noszczak 2006

Goodyear F2G-1

Arkusz 23
Sheet 23

Skala/scale 1/48

- F2G-1, widok z boku
- F2G-1, side view

- F2G-1, widok z boku
- F2G-1, side view

Opracowanie i rysunki: © Maciej Noszczak 2006

Skala/scale: 1/48

Arkusz 24
Sheet 24

Goodyear F2G-1

Skala/scale 1/48

- F2G-1, widok z przodu
- F2G-1, front view

- F2G-1, widok z boku
- F2G-1, side view

Skala/scale: 1/48

Opracowanie i rysunki: © Maciej Noszczak 2006

KAGERO

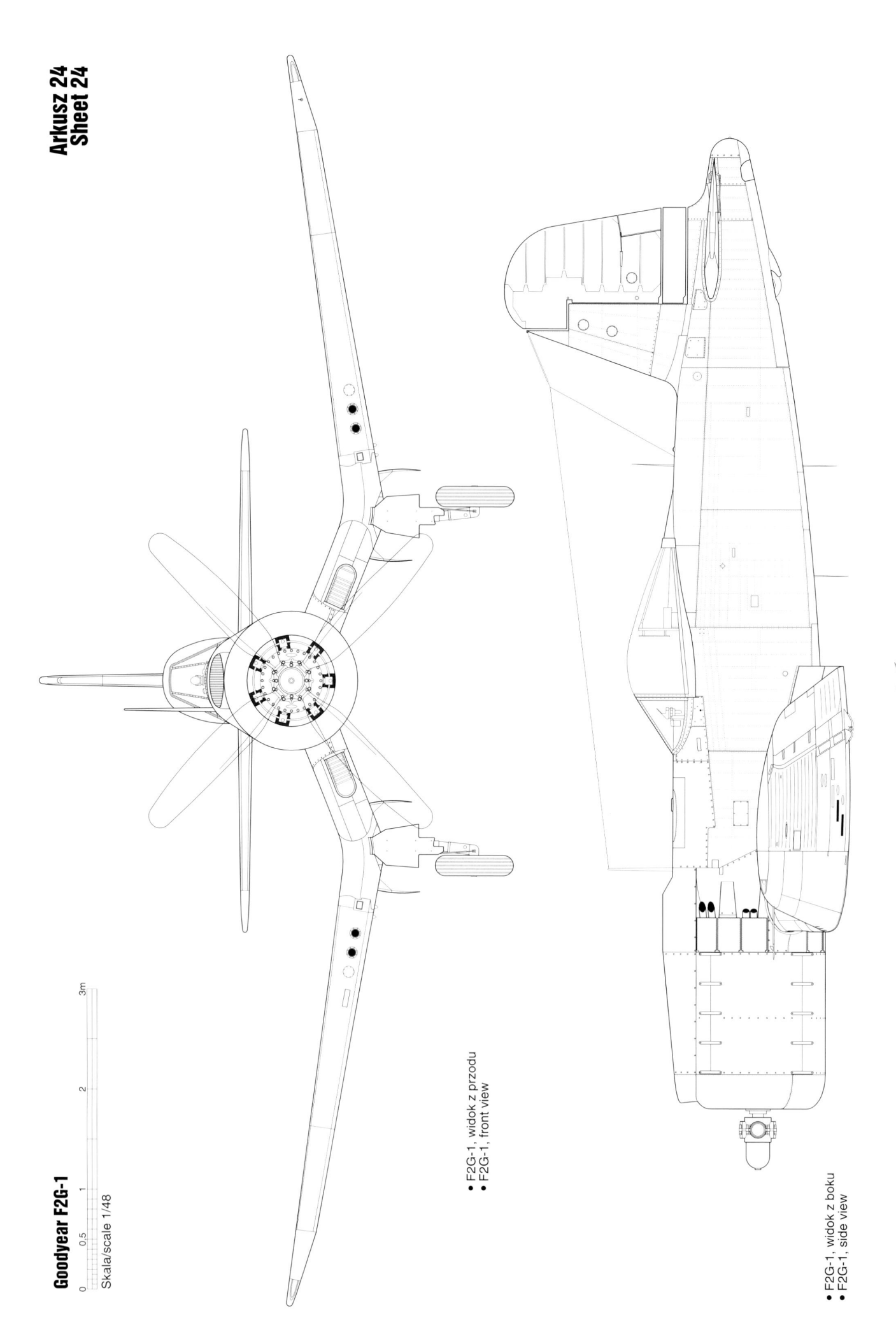

Corsair Mk I - Mk IV, wykaz zmian zewnętrznych w wersjach seryjnych samolotu
Corsair Mk I - Mk IV, specification of external changes on production - run versions

Arkusz 25
Sheet 25

Skala/scale 1/72

Corsair Mk I (F4U-1)

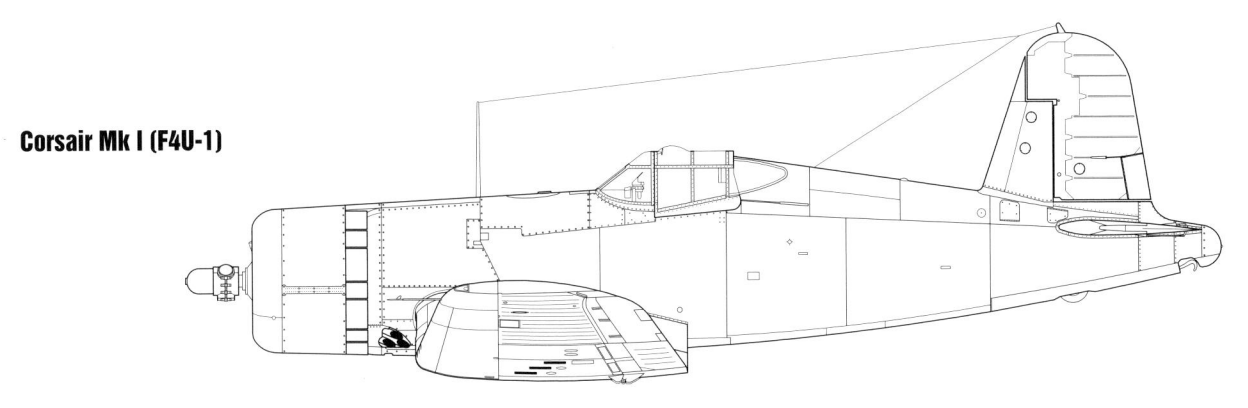

- Corsair Mk I - wczesna wersja
- Corsair Mk I - early version

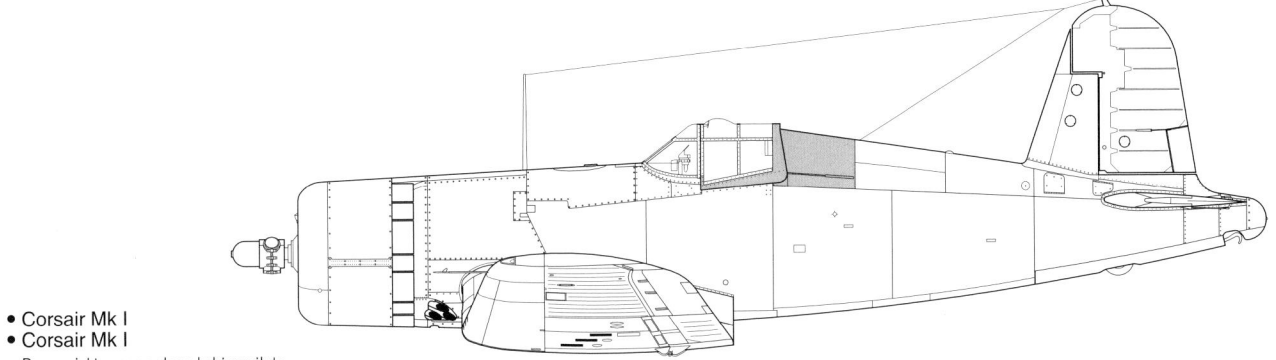

- Corsair Mk I
- Corsair Mk I
- Przeprojektowana osłona kabiny pilota
- Redesigned canopy

Corsair Mk II (F4U-1A), Mk III (F3A-1D)

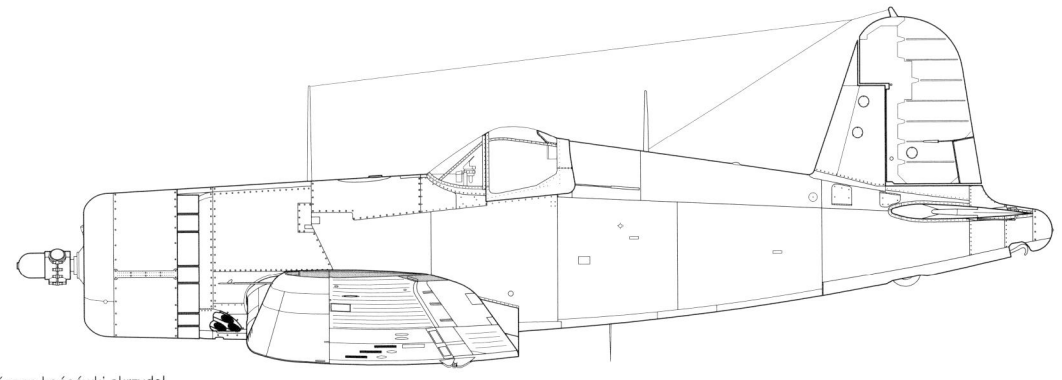

- Skrócone końcówki skrzydeł
- Shorter wing tips

Corsair Mk II (F4U-1D)

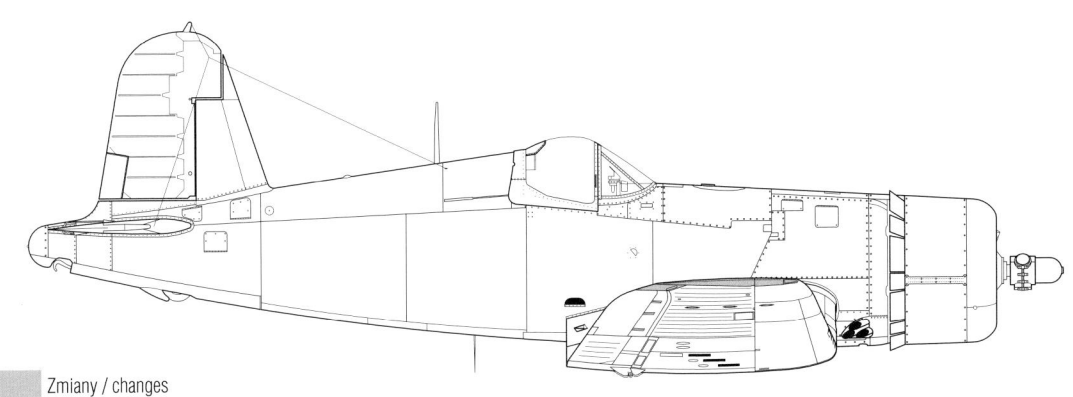

Zmiany / changes

Opracowanie i rysunki: © Maciej Noszczak 2006

KAGERO

Skala/scale: 1/72

Corsair Mk I - Mk IV, wykaz zmian zewnętrznych w wersjach seryjnych samolotu
Corsair Mk I - Mk IV, specification of external changes on production - run versions

Arkusz 26
Sheet 26

Skala/scale 1/72

Corsair Mk IV (FG-1D)

- Corsair Mk IV - wczesna wersja
- Corsair Mk IV - early version

- Corsair Mk IV
- Corsair Mk IV
- Podskrzydłowe wyrzutniki rakietowe
- Underwing rocket racks

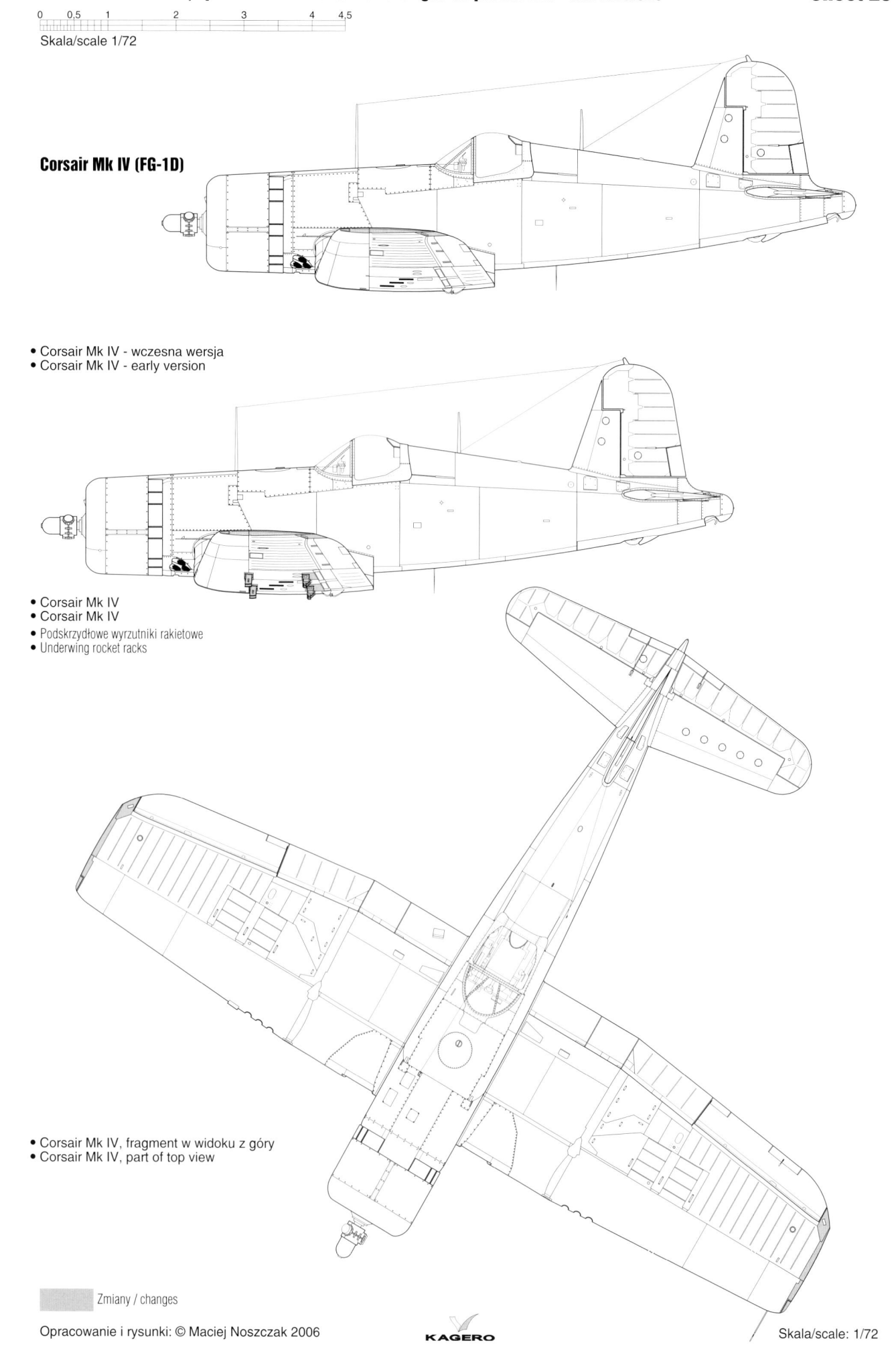

- Corsair Mk IV, fragment w widoku z góry
- Corsair Mk IV, part of top view

Zmiany / changes

Opracowanie i rysunki: © Maciej Noszczak 2006

KAGERO

Skala/scale: 1/72

Corsair F4U-1C - 1P, wykaz zmian zewnętrznych w wersjach seryjnych samolotu
Corsair F4U-1C - 1P, specification of external changes on production - run versions

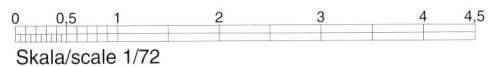

Arkusz 27
Sheet 27

0 0,5 1   2   3   4 4,5
Skala/scale 1/72

Corsair F4U-1C

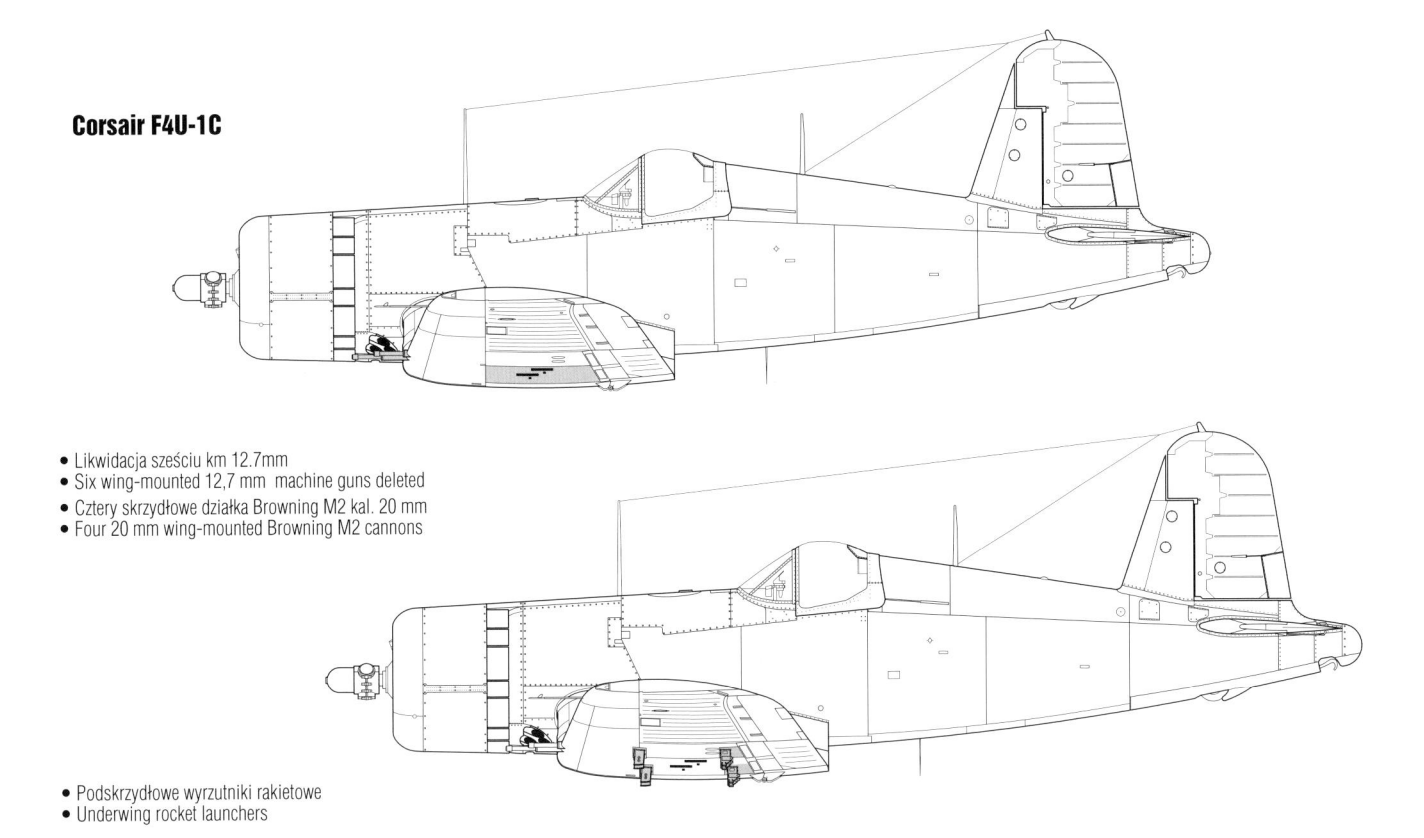

- Likwidacja sześciu km 12.7mm
- Six wing-mounted 12,7 mm machine guns deleted
- Cztery skrzydłowe działka Browning M2 kal. 20 mm
- Four 20 mm wing-mounted Browning M2 cannons

- Podskrzydłowe wyrzutniki rakietowe
- Underwing rocket launchers

Corsair F4U-1D

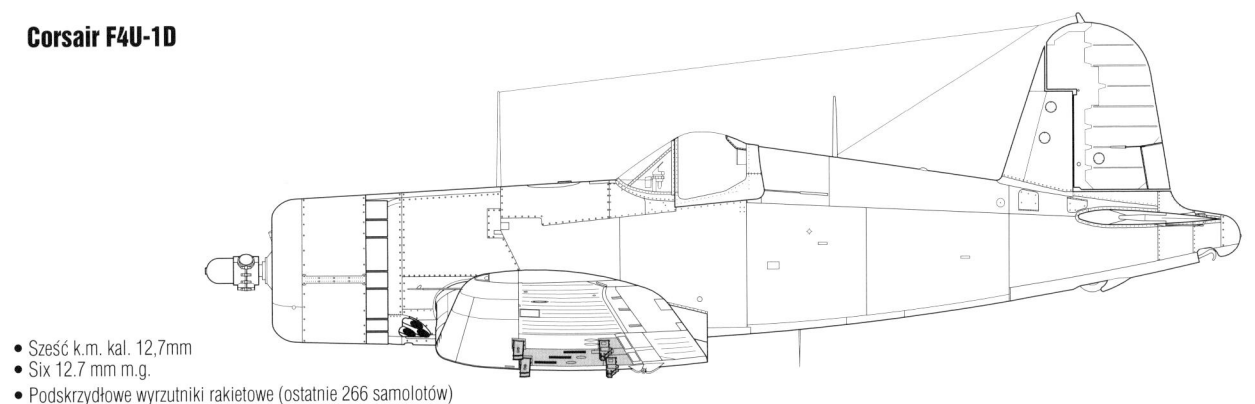

- Sześć k.m. kal. 12,7mm
- Six 12.7 mm m.g.
- Podskrzydłowe wyrzutniki rakietowe (ostatnie 266 samolotów)
- Underwing rocket launchers (last 266 aircraft)

Corsair F4U-1P

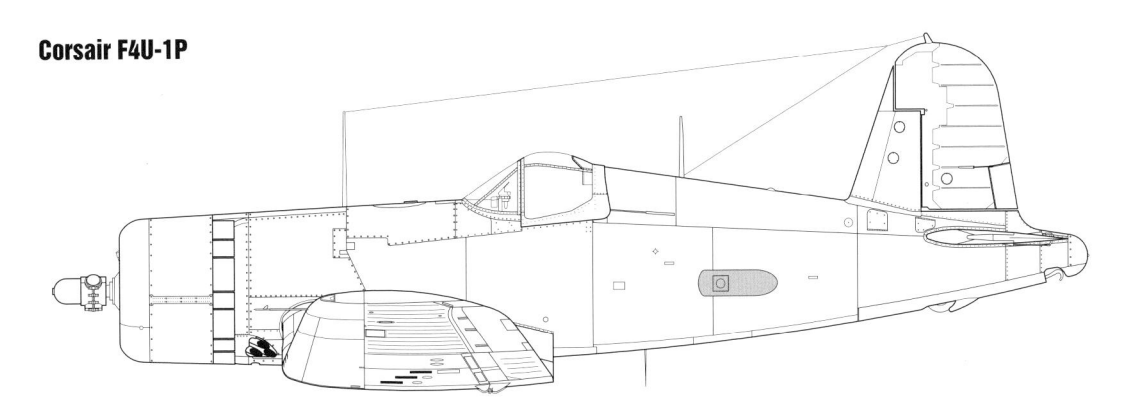

- Kamera fotograficzna K-21
- K-21 photo camera

Zmiany / changes

Opracowanie i rysunki: © Maciej Noszczak 2006

KAGERO

Skala/scale: 1/72

Corsair NFG-1D - F4U-4C, wykaz zmian zewnętrznych w wersjach seryjnych samolotu
Corsair NFG-1D - F4U-4C, specification of external changes on production - run versions

Arkusz 28
Sheet 28

Skala/scale 1/72

NFG-1D

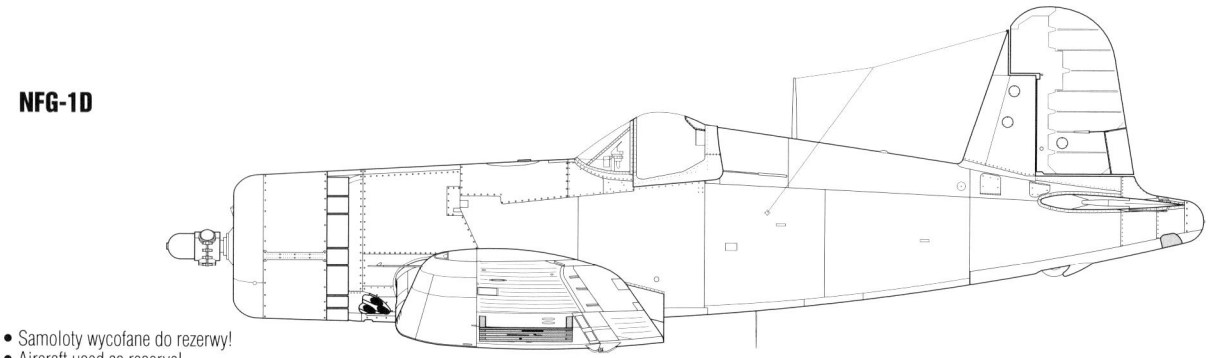

- Samoloty wycofane do rezerwy!
- Aircraft used as reserve!
- Brak przedniego masztu antenowego
- No front antenna mast
- Podskrzydłowe wyrzutniki rakietowe
- Underwing rocket launchers
- Brak haka do lądowania
- No arrestor hook

F4U-4

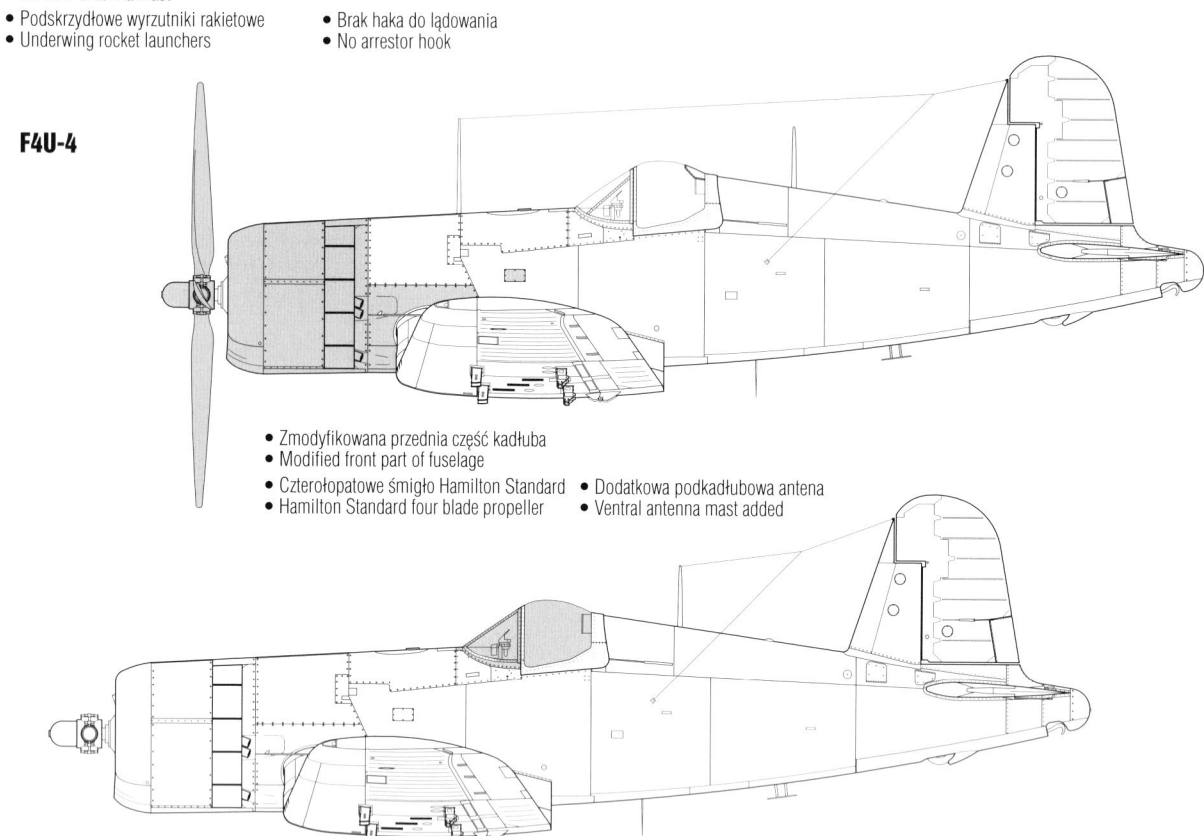

- Zmodyfikowana przednia część kadłuba
- Modified front part of fuselage
- Czterołopatowe śmigło Hamilton Standard
- Hamilton Standard four blade propeller
- Dodatkowa podkadłubowa antena
- Ventral antenna mast added

- Brak przedniego masztu antenowego
- No front antenna mast
- Zmodyfikowana osłona kabiny
- Modified windscreen and canopy

F4U-4C (4B)

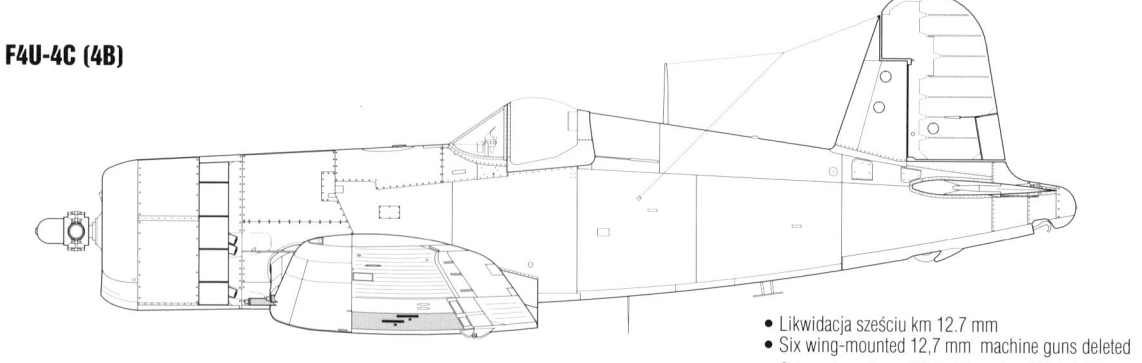

- Likwidacja sześciu km 12,7 mm
- Six wing-mounted 12,7 mm machine guns deleted
- Cztery skrzydłowe działka Browning M2 kal. 20 mm
- Four 20 mm wing-mounted Browning M2 cannons

Zmiany / changes

Opracowanie i rysunki: © Maciej Noszczak 2006

KAGERO

Skala/scale: 1/72

F4U-5 - F2G-2 Corsair, wykaz zmian zewnętrznych w wersjach seryjnych samolotu
F4U-5 - F2G-2 Corsair, specification of external changes on production - run versions

Arkusz 29
Sheet 29

Skala/scale 1/72

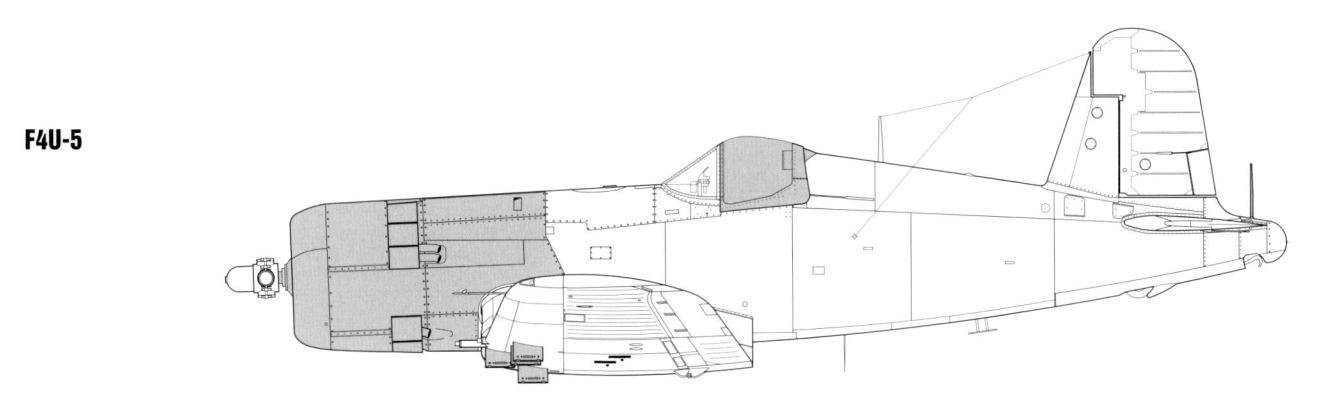

F4U-5

- Zmodyfikowana osłona kabiny pilota
- Modified canopy
- Zmodyfikowane nowe wyrzutniki podskrzydłowe
- Modified new underwing racks
- Maszt antenowy z tyłu kadłuba
- Antenna's mast at rear of fuselage
- Zmodyfikowana przednia część kadłuba
- Modified front part of fuselage

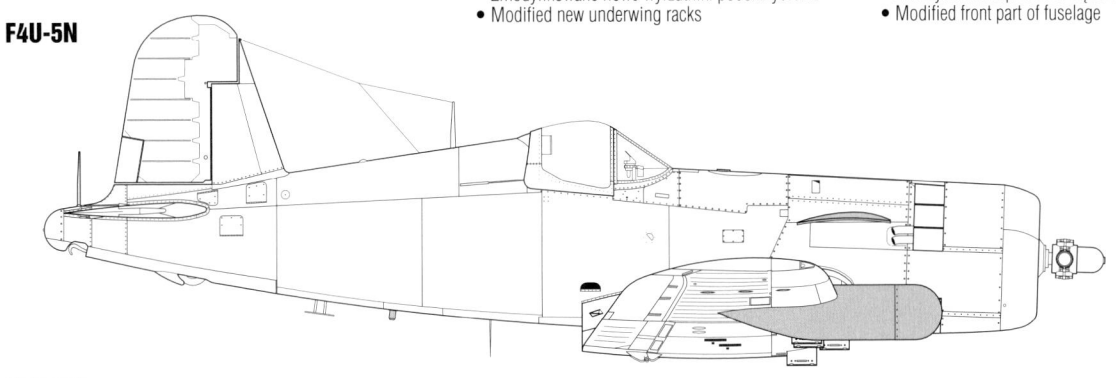

F4U-5N

F4U-5NL

- Antena radaru montowana w prawym skrzydle
- Radar antenna mounted on right wing
- Zamontowane osłony płomieni
- Exhaust shield
- Tłumiki płomieni zamocowane na działkach
- Cannon muzzle flash suppressors
- Dodatkowa podkadłubowa antena
- Ventral antenna

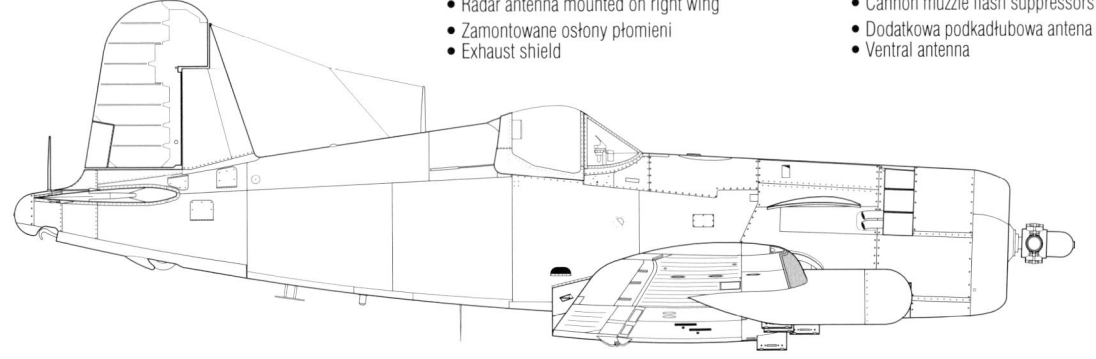

- Instalacja przeciwoblodzeniowa
- De-icer boots

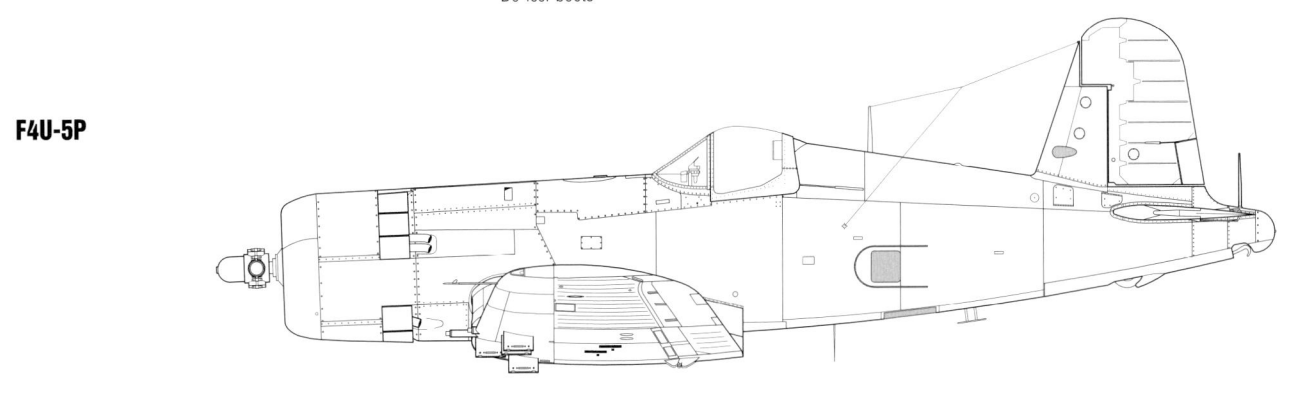

F4U-5P

- 3 okna kamer fotograficznych
- 3 aerial cameras
- Opływowa osłona przy stateczniku pionowym
- Blister fairing on the fin

Zmiany / changes

Opracowanie i rysunki: © Maciej Noszczak 2006

KAGERO

Skala/scale: 1/72

F4U-5 - F2G-2 Corsair, wykaz zmian zewnętrznych w wersjach seryjnych samolotu
F4U-5 - F2G-2 Corsair, specification of external changes on production - run versions

Arkusz 30
Sheet 30

Skala/scale 1/72

AU-1

F4U-7

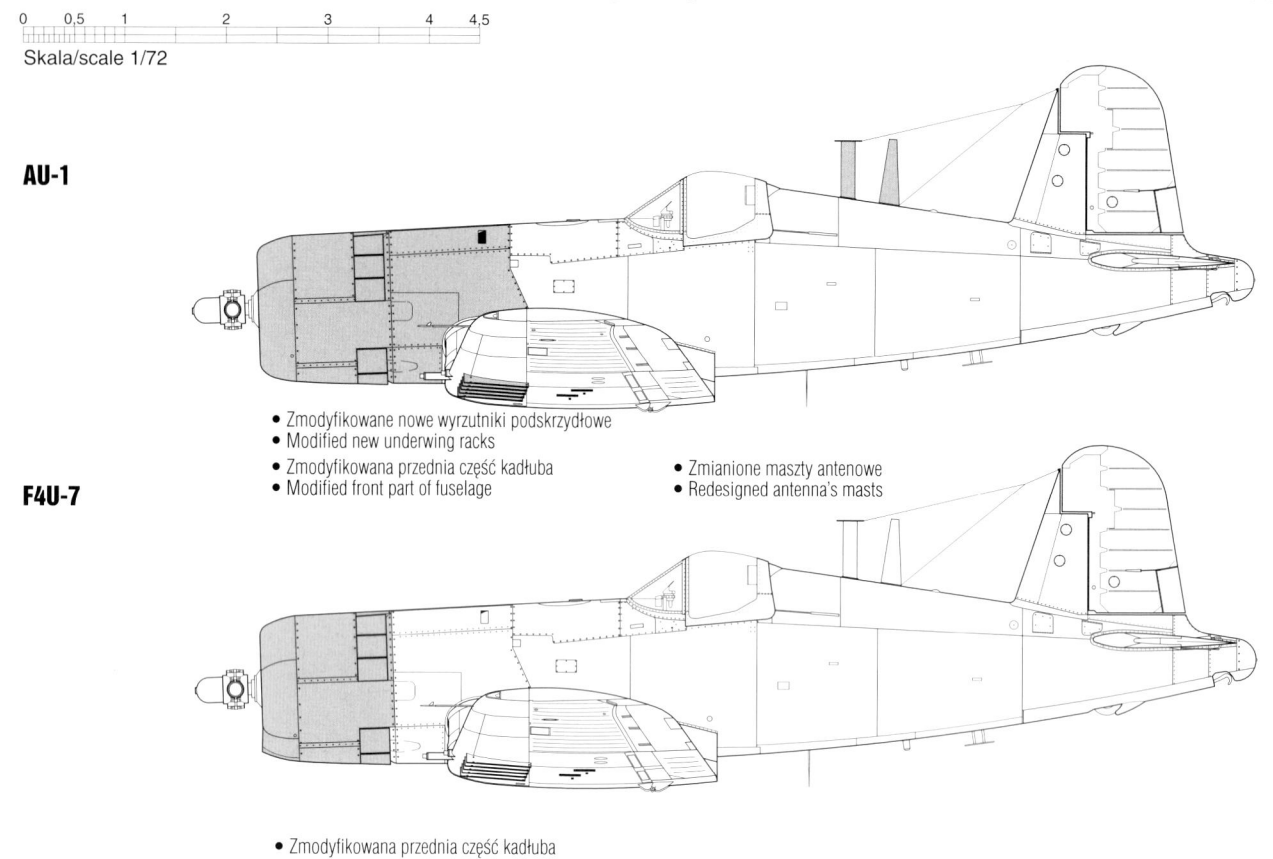

- Zmodyfikowane nowe wyrzutniki podskrzydłowe
- Modified new underwing racks
- Zmodyfikowana przednia część kadłuba
- Modified front part of fuselage
- Zmienione maszty antenowe
- Redesigned antenna's masts

- Zmodyfikowana przednia część kadłuba
- Modified front part of fuselage

F2G-1, F2G-2

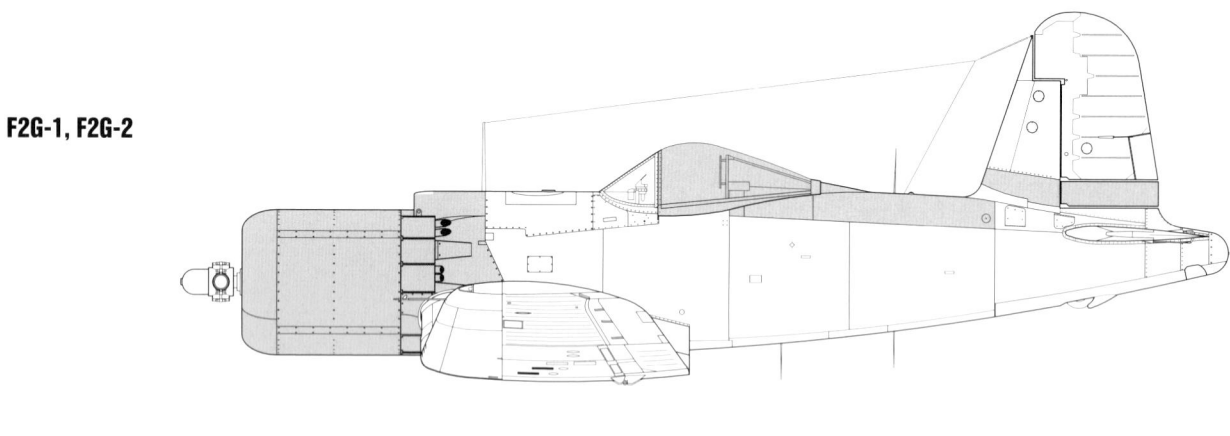

- Kroplowa osłona kabiny pilota
- Bubble canopy
- Zmodyfikowana tylna część kadłuba
- Modified rear part of fuselage
- Zmodyfikowana przednia część kadłuba
- Modified front part of fuselage

- Podniesiony o 12 cali statecznik pionowy
- Tailfin 12" taller
- Zmodyfikowane wloty powietrza w skrzydłach
- Redesigned wing's air intakes

- Brak mechanizmu składania skrzydeł - F2G-1
- Fixed wings - F2G-1

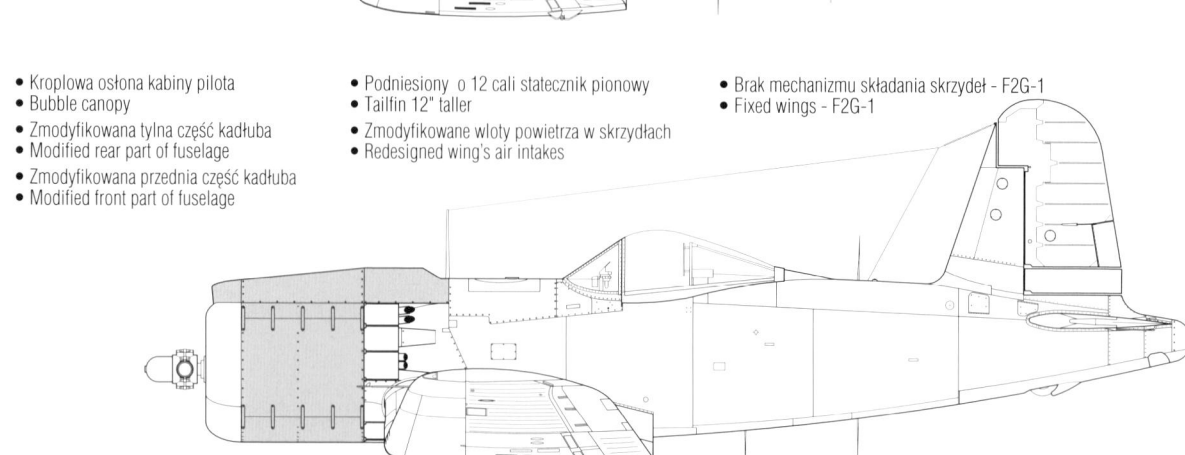

- Zmodyfikowany kadłubowy wlot powietrza
- Modified fuselage air intake
- Brak uzbrojenia
- No armament

Zmiany / changes

Opracowanie i rysunki: © Maciej Noszczak 2006   KAGERO   Skala/scale: 1/72

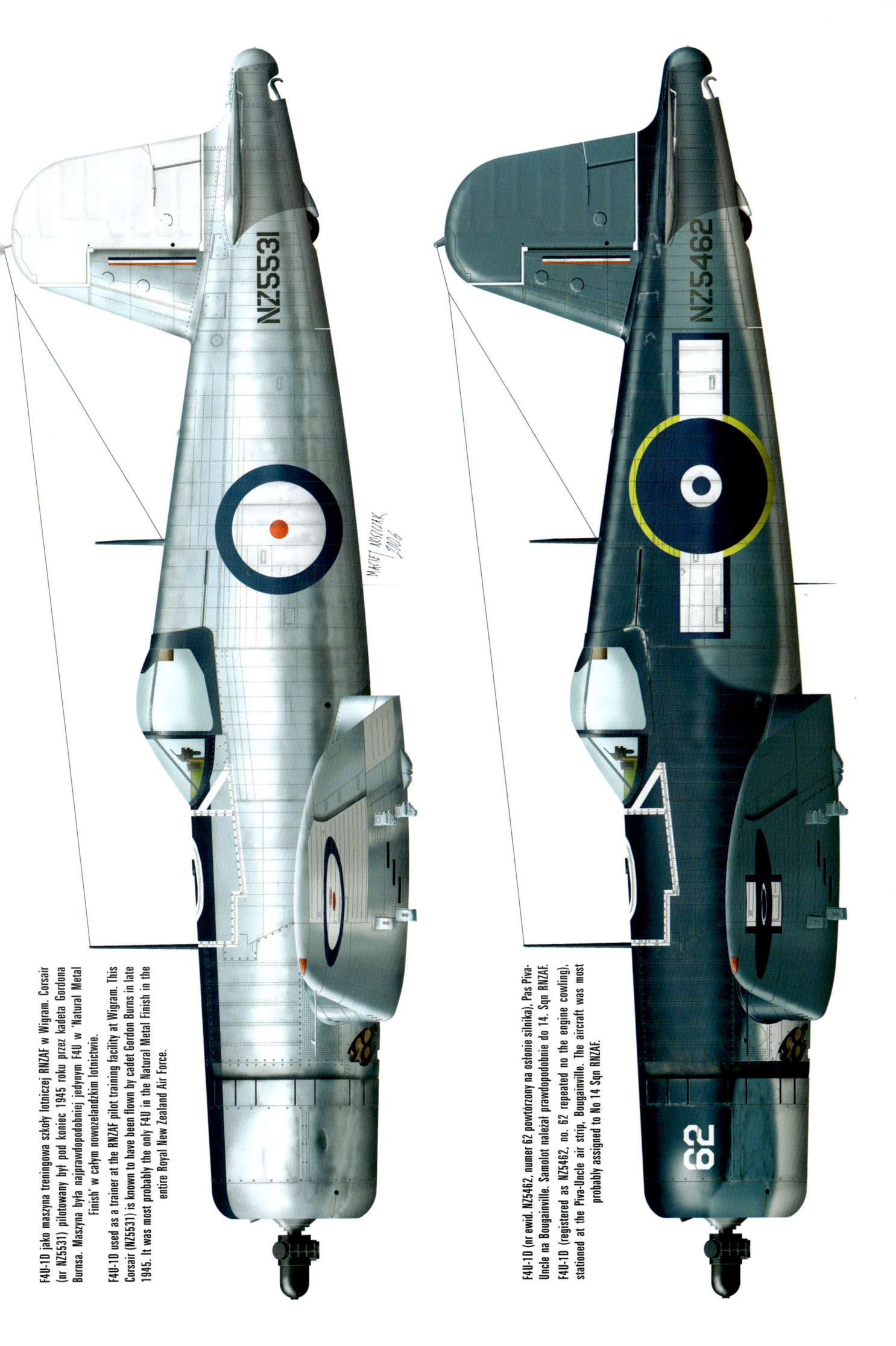

F4U-1D jako maszyna treningowa szkoły lotniczej RNZAF w Wigram. Corsair (nr NZ5531) pilotowany był pod koniec 1945 roku przez kadeta Gordona Burnsa. Maszyna była najprawdopodobniej jedynym F4U w 'Natural Metal Finish' w całym nowozelandzkim lotnictwie.

F4U-1D used as a trainer at the RNZAF pilot training facility at Wigram. This Corsair (NZ5531) is known to have been flown by cadet Gordon Burns in late 1945. It was most probably the only F4U in the Natural Metal Finish in the entire Royal New Zealand Air Force.

F4U-1D (nr ewid. NZ5462, numer 62 powtórzony na osłonie silnika). Pas Piva-Uncle na Bougainville. Samolot należał prawdopodobnie do 14. Sqn RNZAF.

F4U-1D (registered as NZ5462, no. 62 repeated no the engine cowling), stationed at the Piva-Uncle air strip, Bougainville. The aircraft was most probably assigned to No 14 Sqn RNZAF.

F4U-5N nr 21 (BuNo 124453) o nazwie własnej „Annie-Mo" był osobistą maszyną Lt. Guya P. Bordelona z dywizjonu myśliwców nocnych VC-3. Bordelon był jedynym asem wojny koreańskiej, który osiągnął ten status nie latając na F-86 Sabre. VC-3 operował z lotniskowca USS „Princeton" i baz lądowych w Korei. Zwracają uwagę „przytłumione" na jasnoniebieski kolor wszystkie oznaczenia na samolocie.

F4U-5N 'Annie-Ho' side number 21 (BuNo 124453) was the personal mount of Lt. Guy P. Bordelon. VC-3 night fighter squadron. Bordelon was the only ace of propeller-driven aircraft to have emerged from the Korean War. His squadron operated from the deck of USS PRINCETON and land bases in Korea. Of note are toned-down, light-blue markings.

F4U-4 nr 11 (BuNo 97264) z jednostki treningowej Naval Air Reserve Training Unit stacjonującej wiosną 1956 roku w bazie NAS Olathe w Kansas w USA. Samolot ma już nowy typ kamuflażu: górne i boczne powierzchnie jasnoszare matowe Light Gull Gray, dolne powierzchnie oraz lotki, klapy i stery wysokości — białe błyszczące. Co ciekawe, dolne powierzchnie składanych części skrzydeł pozostawiono w granatowym kolorze Glossy Sea Blue.

F4U-4 side number 11 (BuNo 97264) of Naval Air Reserve Training Unit, which in the spring of 1956 was stationed at NAS Olathe, Kansas. The aircraft sports the new type of camouflage: upper surfaces and fuselage sides in the Light Gull Gray with undersides, flaps, ailerons and elevators in glossy

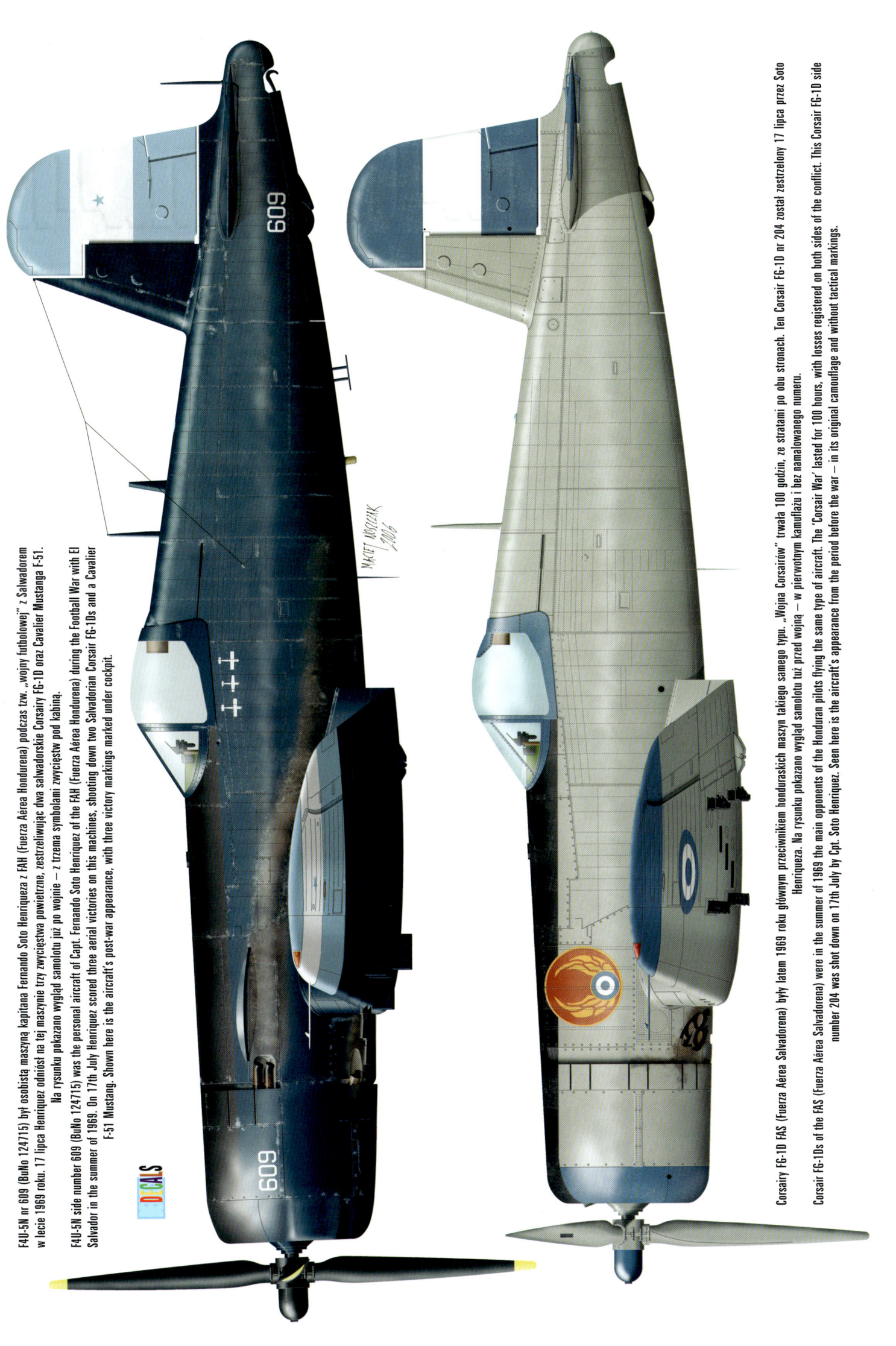

F4U-5N nr 609 (BuNo 124715) był osobistą maszyną kapitana Fernando Soto Henriqueza z FAH (Fuerza Aérea Hondurena) podczas tzw. „wojny futbolowej" z Salwadorem w lecie 1969 roku. 17 lipca Henriquez odniósł na tej maszynie trzy zwycięstwa powietrzne, zestrzeliwując dwa salwadorskie Corsairy FG-1D oraz Cavalier Mustanga F-51. Na rysunku pokazano wygląd samolotu już po wojnie – z trzema symbolami zwycięstw pod kabiną.

F4U-5N side number 609 (BuNo 124715) was the personal aircraft of Capt. Fernando Soto Henriquez of the FAH (Fuerza Aérea Hondurena) during the Football War with El Salvador in the summer of 1969. On 17th July Henriquez scored three aerial victories on this machines, shooting down two Salvadorian Corsair FG-1Ds and a Cavalier F-51 Mustang. Shown here is the aircraft's post-war appearance, with three victory markings marked under cockpit.

Corsairy FG-1D FAS (Fuerza Aérea Salvadorena) były latem 1969 roku głównym przeciwnikiem honduraskich maszyn takiego samego typu. „Wojna Corsairów" trwała 100 godzin, ze stratami po obu stronach. Ten Corsair FG-1D nr 204 został zestrzelony 17 lipca przez Soto Henriqueza. Na rysunku pokazano wygląd samolotu tuż przed wojną – w pierwotnym kamuflażu i bez namalowanego numeru.

Corsair FG-1Ds of the FAS (Fuerza Aérea Salvadorena) were in the summer of 1969 the main opponents of the Honduran pilots flying the same type of aircraft. The 'Corsair War' lasted for 100 hours, with losses registered on both sides of the conflict. This Corsair FG-1D side number 204 was shot down on 17th July by Cpt. Soto Henriquez. Seen here is the aircraft's appearance from the period before the war – in its original camouflage and without tactical markings.

F4U-4B nr 16 (BuNo 62969) z dywizjonu VMA-332 „Polka Dots", operującego w czerwcu i lipcu 1953 roku z lotniskowca USS „Bairoko". Jednostka rozpoczęła turę bojową u brzegów Korei na sześć tygodni przed zakończeniem działań wojennych.

F4U-4B side number 16 (BuNo 62969) assigned to VMA-332 'Polka Dots', which in June and July 1953 operated from aircraft carrier USS BAIROKO. This unit commenced it operational tour off Korea six weeks before the end of hostilities.

F4U-5NL o oznaczeniu 3-A-204 (BuNo 124541) należał do zastępcy dowódcy 3. Escuadrilla Aeronaval de Ataque lotnictwa morskiego Argentyny, stacjonującej w połowie 1962 roku na lotniskowcu ARA „Independencia".

F4U-5NL coded 3-A-204 (BuNo 124541) was flown by the deputy commander of 3. Escuadrilla Aeronaval de Ataque, Aviacion Naval Argentina (Argentine Naval Aviation), which in 1962 was stationed aboard the aircraft carrier ARA 'Independencia'.